마음의 속도를 늦추면 보이는 것들

마음의 속도를 늦추면 보이는 것들

아페이 지음 | 원녕경 옮김

What You See When You Slow Your Mind

청민
미디어

평범하지만
여유로운 '나'로
살아가기

사람들은 자신도 언젠가는 성공한 사람이 되길 꿈꾸며, 세상이 인정한 유력 인사를 롤 모델로 삼아 분투하며 살아간다. 물론 그렇다고 누구나 제 뜻대로 인생을 풀어가는 건 아니다. 심지어 어떤 이는 자신의 바람도 아닌 타인의 기대에 부응하려고 기를 쓰다가 불안, 초조, 열등감, 열패감의 구렁텅이에 빠지기도 한다. 이쯤에서 한번 생각해보자.

'과연 성공이란 무엇이며, 이상적인 자기란 어떤 모습을 말하는 걸까?'

내가 이 같은 질문을 던지는 이유는 사회적 가치 기준에 도전하고자 함이 아니라 성공과 자아의 본질에 대해 함께 고민해보고, 대부분의 사람이 나쁘다고 여기는 어떤 기질이나 생각에 대한 오해를 바로잡고 싶어서다.

외향적인 활발한 성격, 매사 적극적인 태도 등은 당연히 누구에게나 호감을 주는 매력적인 기질일 것이다. 그런데 반대는 어떤가. 사람들이 흔히 단점이라고 여기는 것들은 정말로 단점이기만 할까? 많은 이가 이런 편견을 갖고 있다.

'내향적인 사람은 인생에서 패자가 될 수밖에 없다.'

'느린 사람은 사회에서 영원히 뒤처질 수밖에 없다.'

'평범한 삶을 원하는 건 진취적이지 못한 것이니, 별 볼 일 없는 인생이 될 수밖에 없다.'

과연 그럴까? 사실 나는 이 세상엔 100% 좋은 것도, 나쁜 것도 없다고 생각한다. 세상의 모든 사물이나 특성, 상태에는 여러 면이 있다. 단점이 있는 만큼 장점도 있고, 싫어하는 무언가에도 인정할 것이 있으며, 무언가를 얻었다면 잃는 것도 있게 마련이다.

나는 자미두수(紫微斗數, 역술의 일종으로 개인의 생년월일시로 별자리 도표인 명반(命盤)을 만들어 운명이나 길흉을 점친다)를 공부하면서 '운명은 정해져 있지만, 운은 유동적인 것'임을 깨달아가고 있다. 이게 무슨 뜻이냐? 많은 사람이 한날한시에 태어나지만, 각자의 출생 배경과 성장 환경이 다르고, 만나는 사람과 겪게 되는 일 등이 제각각이듯 미래 모습은 얼마든지 달라질 수 있다는 말이다. 자미두수에서는 명반(네이탈 차트(natal chart)라고도 한다)이라는 큰 틀에서 좋고 나쁨의 차이가 있긴 하지만, 이는 사람마다 다른 각자의 독특한 성격과 삶의 파고의 정도를 나타낼 뿐이라고 말한다.

명반이 좋지 않다고 해서 평생 성취하지 못하고 가난하게 산다는 뜻은 절대 아니다. 그저 인생이라는 길을 걷기가 조금 고되고 어려울 수 있을 뿐, 이를 극복하겠다는 마음을 먹고 스스로 나아지기 위해 노력한다면 기회가 찾아왔을 때 좋은 성과를 낼 수 있다. 명반이 좋은 사람도 마찬가지다. 굴곡 없이 순탄하기만 한 삶에 원동력과 추진력을 잃는다면 예고 없이 찾아온 좌절과 충격에 맥없이 엎어질 수 있다.

성격이 운명을 좌우한다고? 물론 일상에서 어떤 결정을 내리고 어떤 친구를 사귀는지는 성격의 문제일 수도, 정해진 운명이라고 볼 수도 있다. 그러나 이는 얼마든지 바꿀 수 있다. 마음먹기에 따라 전혀 다른 결과를 만들어낼 수 있음을 알고 있다면, 어떤 사람을 사귀고 어떤 사람을 멀리해야 나에게 도움 되는지 알고 있다면 무조건 운명을 탓하며 나의 성격적 단점을 핑계

삼을 게 아니라 스스로 달라지려고 노력해야 한다. 아마도 사주나 운세를 보는 사람 중 상당수는 단순히 타고난 운명이 좋은지 나쁜지를 확인하고 싶어서가 아니라 화를 피해 길한 방향으로 나아가고자 하는 마음이 더 클 것이다. 그런데 사실, 화를 피하고 길한 방향으로 나아가는 방법은 그리 거창하지 않다. 나의 나쁜 태도와 단점을 고치고, 주변 사람들을 배려하며, 선행으로 덕을 쌓으면 된다. 그렇게 할 때 자연스레 귀인이 다가온다. 기꺼이 나를 돕고자 하는 사람이 많아지면 운은 저절로 따라오게 마련이다.

운명도 바꿀 수 있는데, 세상이 공인하는 성공과 이상적인 삶인들 뭐라고 실현 불가능하겠는가? 사람들이 단점이라고 여기는 기질과 생각도 또 다른 장점일 수 있다. 말수 없는 내향적인 성격, 실수를 두려워하는 마음, 부족한 사교성 등 인생이라는 경기장에서 약점이라고 여겨지는 것들도 적절한 조건이 갖춰지면 장점으로 작용할 수 있다. 그러니 남들이 나의 기질을 과소평가한다고 해서 스스로 가능성을 제한하지 말자. 그 기질을 살짝만 변형하여 활용 방법을 달리하면 오히려 삶을 살아가는 데 든든한 힘이 되어줄 테니까!

인생은 시험이 아니기에 절대적인 정답이란 없다. 다양한 답안이 있을 뿐이다. 사람마다 자신에게 맞는 방법과 속도가 있으니, 나만 괜찮다면 다수와 다르더라도 상관없다. 비교 없이 여전히 편안하고 의미 있는 삶을 살 테니까. 시류를 쫓는 데 목매기보다는 나 자신이 진짜로 원하는 걸 찾는 게 낫다. 조용하고, 차분하고, 온순하고, 느긋한 것은 나쁜 게 아니다. 이러한 성격적 기질이 빛을 발하는 곳은 분명히 있으니, 절대로 사회적 가치 기준에 얽매여 자신의 가능성을 스스로 부정하지 말자. 선입견과 '꼭 ~해야만 한다'라는 강박을 내려놓으면 평범하지만 여유로운 행복한 '나'로 온전히 살아갈 수 있다.

CONTENTS

차분함의 힘

나에게 맞지 않는 일을 억지로 할 필요는 없다.
내가 뭘 할 수 있고, 뭘 좋아하며, 남보다 뭘 더 잘하는지를 이해하고,
그것을 100% 발휘해보는 것. 이보다 더 중요한 일은 없다.

▲

더디지만
거침없는 전진

빠르게 가고자 한다면 먼저 걸음을 늦춰보자. 살면서 항상 빠른 것만 추구할 수는 없다.
적절한 때에 속도를 늦춰줘야 할 필요도 있다.
나에게 맞는 템포로 나아가야 무사히 목표에 도달할 수 있다.

▲

양처럼 순한
본성의 따스함

함부로 남에게 상처 줘서는 안 되지만, 형편없는 이들에게 내가 결코 만만한 사람이
아님을 알려주려면 반드시 나만의 가시를 지니고 있어야 한다.
그래야 나 자신을 지키고 나아가 남들에게 상처받는 일을 줄일 수 있다.

PART 4

좌절의
공로

앞길에 장애물이 있다고 해도 괜찮다. 모퉁이를 돌아 나가 다른 길을 찾으면 된다.
인생에는 하나의 길만 있는 게 아니다. 좌절은 두려워할 것이 못 된다.
우리가 정말로 두려워해야 하는 건 좌절 후 풀이 죽어 그대로 주저앉는 것이다.

나에게 맞지 않는 일을 억지로 할 필요는 없다.
내가 뭘 할 수 있고, 뭘 좋아하며, 남보다 뭘 더 잘하는지를 이해하고,
그것을 100% 발휘해보는 것. 이보다 더 중요한 일은 없다.

PART 1

차분함의 힘

눈에
보이는게

다는
아니다

성격 유형은 내향형과 외향형으로 딱 잘라 나눌 수 없다. 우리 대다수는 '완전한 내향형 인간' 또는 '완전한 외향형 인간'이라기보다 양쪽의 기질을 모두 가지고 있기 때문이다.

· · ·

최근 몇 년간 내향형 인간의 내면세계를 연구하고 정리한 책과 글이 나오면서 내향형 인간에 대한 사람들의 고정관념이 조금씩 허물어지고 있다. 그 덕분에 내향형 인간이 자신의 잠재력을 계발할 계기가 마련되고 있다. 이는 우리 사회가 성격의 차이를 존중하고, 모두가 각자의 기질을 탐구하도록 장려하는 분위기로 거듭나기 시작했다는 뜻으로, 상당히 고무적인 변화가 아닐 수 없다.

참고로 나는 내향형 인간으로서 조용한 걸 좋아하고, 사교 활동을 즐기지 않으며, 말수가 적은 편이다. 나는 줄곧 이러한 기질들을 인간관계나 직장생활에서의 단점으로 여겼다. 나이를 먹고 경험이 쌓이면서 내가 나의 기질을 이해하고 잘 활용할 수 있게 되기 전까지는 말이다. 그런데 지금은 많은 책과 인터넷 정보를 통해 내향형 인간이 더 일찌감치 자신을 이해하고, 나아가 자신에게 맞는 생활방식을 모색하는 데 시행착오를 줄일 수 있게 된 것이다.

내향형 인간에 관한 글들은 같은 내향형 인간인 내가 보기에 공감할 부분이 꽤 많았다. 어떤 관점들은 무릎을 탁하고 칠 만큼 이해되고 절로 고개가 끄덕여지기도 했는데, 이런 글들을 읽고 나니 나의 성격 스펙트럼의 반대쪽에 있는 외향형 인간이 문득 궁금해지기도 했다. 그들의 내면세계는 또 어떤 모습일까? 나는 외향형 인간에 대한 연구자료와 글들을 찾아 읽기 시작했고, 아니나 다를까 우리가 익히 알고 있는 사실과는 약간의 차이가 있음을 발견할 수 있었다.

심리학에서는 외향형 인간과 내향형 인간의 차이가 에너지를 얻는 방향에 있다고 말한다. 즉, 외향적인 성격을 가진 사람은 다양한 인사들과의 사교 활동, 대외적인 일 등 상대적으로 외적인 요소에서 에너지를 얻으며, 장시간 혼자 있거나 특정한 사람과 단둘이 있을 때 혹은 어떤 일에서 제외되었을 때 불쾌함을 느낄 수 있다고 지적한다. 반면 혼자 있는 시간이나 사색 등 자신의 내면으로부터 에너지를 얻지만, 외부적 자극에 쉽게 영향을 받아 불편함을 느끼는 사람을 내향적인 성격이라고 정의한다.

그런 까닭에서인지 보통 사람들은 외향형 인간이라고 하면 활발하고 열정적이며 자신감이 넘치고, 왁자지껄한 분위기를 좋아하며, 사람 사귀는 일에 열중하는 이미지를 떠올린다. 무리 속에서 그들은 늘 주목을 받고 원만한 인간관계를 자랑하며 리더십을 보이기도 하는데, 실제로 외향형 인간의 평균 소득이 내향형 인간보다 2배 정도 높다는 연구 결과도 있었다. 한편 그들의 단점으로는 기가 세고, 자만심이 강하며, 진중함이 없이 가볍고, 덤벙대고, 외적인 것을 중시한다는 점 등이 꼽혔다.

그런데 우리는 과연 일상생활에서 외향형 인간에 대한 고정관념을 가진 적이 없을까? 예를 들면 외향형 인간은 다른 사람과의 관계에서 에너지를 얻는 타입이니 조용하고 지루한 분위기를 견디지 못해 무조건 말을 많이 할 거라고 속단하고, 평소 활발하고 말하기 좋아하는 사람에게 은근히 모임의 분위기를 띄우는 역할을 기대하는 식으로 말이다. 하지만 외향형 인간이라고 해서 모두가 분위기 메이커 역할을 좋아하는 건 아니다. 그들은 사적으로 친구와 이야기 나누길 좋아할 뿐, 공개석상에 나서는 걸 좋아하지 않을 수도 있다는 뜻이다. 사람에 따라 에너지를 얻는 방법은 다양하기에 외향형 인간은 무조건 모임의 진행자나 분위기 메이커 역할을 즐긴다는 공식은 성립하지 않는다.

또한 외향형 인간은 겉보기에 늘 자신감이 넘쳐 내면의 상처가 잘 드러나지 않는다. 우리는 그들의 활기차고 열정적인 면을 보느라 누구나 열등감, 두려움, 초조함 등과 같은 부정적인 감정이 생길 때가 있음을 간과한다. 어쩌면 그들은 사람들이 자신에게 기대하는 긍정적이고 유쾌한 이미지에 부응하기 위해 자신의 진짜 감정을 들키지 않도록 숨기는 데 익숙해진 것일지도 모른다. 사실 사람은 누구나 남모를 고충을 가지고 있고, 뜬금없이 기분이 가라앉거나 약해지는 순간이 있게 마련이다. 이는 어떤 성격의 소유자든 마찬가지다.

외향형 인간이 겉치레에 치중하는 편이며 진중함이 없다는 생각 또한 오해다. 심리 연구 결과에 따르면 외향형 인간은 대부분 홀로 사색하기보다 대화 과정에서 사고하고, 사람들과의 교류를 통해 상상력을 자극하길 선호하는 경향이 있는 것으로 나타났다. 행동 양식의 차이일 뿐, 누가 더 겉치레에 치중한다거나 사색을 즐기지 않는다고 말할 수 있는 문제가 아니라는 뜻이다. 진중함이 없다는 오해는 어떨까? 사실 외향형 인간이 다양한 모임을 즐기고 활동력이 왕성한 편은 맞다. 하지만 그렇다고 한시도 가만히 있지 않으려 하는 건 아니다. 그들 또한 시간을 두고 자신을 돌아보거나 마땅히 해야 할 일을 판단해 처리할 줄 안다.

요컨대 인간의 성격 유형은 내향형과 외향형으로 딱 잘라 나눌 수 없다. 우리 대다수는 '완전한 내향형 인간' 또는 '완전한 외향형 인간'이라기보다 양쪽의 특질을 모두 가지고 있기 때문이다. 그런데 타인을 대할 때 우리는 종종 이 같은 사실을 간과하여 상대를 단순히 내향형과 외향형의 카테고리로 나누는 우를 범한다. 그러나 빈도에 차이가 있을 뿐, 사람이라면 누구나 떠들썩함을 원할 때가 있는가 하면 조용함을 원할 때도 있는 법이다.

살면서 마음의 모순과 내적 갈등이 생기는 순간은 반드시 있다. 이럴 때는 중립을 유지하려는 노력과 적당한 조절이 필요하다. 예컨대 외향형 인간은 잠시 멈춰 마음을 들여다보는 시간을 온전히 즐길 줄 알아야 하고, 내향형 인간은 용감하게 앞으로 나아가는 뚝심을 더해야 한다. 인간은 복잡한 존재다. 외향적이든 내향적이든 100% 좋고 나쁜 것은 없다. 그러니 성격 스펙트럼에 자신을 가두지 말고, 자신의 성격적 기질을 이해하고 자신의 가치를 소중히 여기며 심리적 성향의 장점을 활용해보자.

말수가
적은게

단점은
아니다

친구를 사귀는 이유는 단순히 인맥을 넓히기 위해서 또는 외톨이
가 되지 않기 위해서가 아니라 타인에게서 배울 점을 찾고, 서로
의 기쁨과 슬픔을 함께 나누기 위함이다.

...

많은 이가 성공한 사람의 특징이라고 하면 열정적이고, 표현
에 적극적이며, 사교적인 외향형 인간의 특징을 떠올린다. 반면
말수가 적고 침착하며, 사교 활동을 즐기지 않는 내향형 인간의
특징을 단점으로 여긴다.

확실히 외향적인 사람은 자신의 매력을 드러내는 것에 능숙
하고 사람들과 함께 어울리는 것을 좋아하며 모험을 즐긴다. 사
교성이 좋고, 리더십을 드러내기도 한다. 여러 사람과 함께 있

을 때는 활력이 넘치지만 혼자 있으면 쉽게 무료함을 느끼는 이들은 인간관계에서 에너지를 얻는 경향이 있어서 타인과의 소통을 통해 생각하고 성장한다. 한편 내향적인 사람은 일반적으로 조용하고, 소극적이며, 생각이 깊고 사교 활동을 즐기지 않는 편이다.

내가 바로 그런 내향형 인간이다. 혼자 있을 때 편안함을 느끼고 그만큼 혼자 무언가를 하는 것에 익숙하다. 그렇다고 다른 사람과 함께하는 게 싫은 건 아니다. 나 같은 내향형 인간도 친구들을 사귀고, 그들과 교류한다. 다만 사람이 많은 장소에 너무 오랜 시간 머무는 걸 좋아하지 않을 뿐이다. 나는 어떤 말을 하기 전에 미리 생각을 정리하는 편이며, 한 번에 하나의 일에만 집중하는 버릇이 있다. 그런 까닭에서인지 한 번에 너무 많은 사람과 교류하게 되면 집중하기가 어렵고 쉽게 피로감이 든다. 하지만 내향적이라고 해서 괴팍한 것은 아니다. 외향형 인간보다 사적인 공간과 시간을 더 중시할 뿐이지, 대체로 타인과의 접촉을 원하며 우정을 쌓길 기대하기도 한다.

나는 성격과 기질에 따라 각자 나름의 장점이 있으며, 절대적인 우열이란 존재하지 않는다고 생각한다. 흔히들 외향형 인간이 내향형 인간과 비교하여 더 뛰어난 리더십을 가졌다고 생각하지만, 어떤 면에서는 내향형 리더가 외향형 리더보다 더 좋은 성과를 낸다는 관련 연구도 있다. 특히 최근 들어 이 같은 사실을 방증하듯 애플의 팀 쿡처럼 여러 유명 기업에서 조용하고 침착한 리더들이 활약하고 있다.

말수가 적은 게 단점은 아니다. 또한 성공적인 인간관계는 외향형 인간만의 전유물이 아니다. 나는 성공적인 인간관계가 아는 사람의 많고 적음으로 판가름 나는 것이 아니라고 생각한다. 물론 아는 사람이 많으면 기회야 많아지겠지만 그만큼 간섭도 늘어난다.

인간관계에서는 '양'보다 '질'이 중요하다. 나와 교류하는 사람이 나의 인생과 커리어에 도움 된다면 이야말로 성공적인 관계 운영이라고 할 수 있다. 내향적인 성격이라고 해서 인간관계에 약한 모습을 보일 거라는 건 편견이다. 타고난 기질을 잘 활용하여 이를 장점으로 만들면 내향형 인간도 얼마든지 자신의 인생에 보탬이 되는 인간관계를 운영할 수 있다.

예를 들면 내향형 인간의 기질 중 하나인 경청 능력을 활용해 보는 것이다. 일반적으로 내향형 인간은 말수가 적어 사교성이 부족하다는 말을 듣기 쉽다. 그러나 자신이 싫어하는 일 혹은 자신에게 익숙하지 않은 일을 억지로 하기보다 자신이 잘하고, 또 익숙한 일을 하는 게 백번 낫다. 참고로 나는 말을 하기보다 듣는 것을 선호하는 사람으로서 섣불리 내 의견을 내기보다는 표현에 능한 사람에게 더 많이 말할 기회를 주고, 잘 듣는 역할을 책임진다. 나에게 이목이 쏠리는 것을 원치 않기 때문이다. 그래서 나는 주목받길 원하는 사람에게 사람들의 관심을 돌리고자 그에게 질문을 많이 하는 편이다. 그러면 자신을 드러낼 기회가 생긴 상대는 기분이 좋아지고, 나의 마음 씀씀이를 알아차려 이를 계기로 깊이 있는 우정을 나누게 되거나 유용한 정보를 얻게 된다.

나는 내가 말주변이 부족한 사람임을 알기에 사교 모임에 참석할 일이 있으면 되도록 긴장을 풀고 자연스럽게 행동하고자 노력한다. '화제를 생각해내는 일'이 수고스럽고 피곤한 일인 만큼 미리 질문을 준비하기도 한다. 호의적이되 개인의 프라이버시를 침범하지 않는 선에서 역으로 내가 질문을 받더라도 술술 이야기할 수 있는 가벼운 문제들로 말이다. 그리고 모임 장소에서는 현재 속한 환경이나 상대, 또는 상대가 하는 언동 등을 관찰해 적당한 화제나 소통 기회를 찾아보려고 한다.

내향형 인간에게는 양보다 질이 중요하니 성급하게 너무 많은 사교 활동이나 모임에 참여할 필요는 없다. 교류의 횟수가 늘어나면 정신적인 에너지 소모도 커질 수밖에 없기 때문이다.

시작은 몇몇 활동이나 모임에 참여하는 것으로 충분하다. 무엇보다 중요한 건 자신에게 의미 있는 유대를 만드는 것이다. 따라서 가치관이나 원하는 목표, 구성원 간의 친밀도 등을 근거로 자신에게 맞는 활동 또는 모임을 찾아보자. 스스로 생각하기에 자신의 결과 잘 맞고, 부담이 없는 활동이나 모임을 찾았다면 인원이 많고 적음은 중요하지 않다. 어차피 우리가 추구하는 인간관계는 넓고 얕은 관계가 아니라 좁고 깊은 관계이니까.

서둘러 심리적 안전지대를 벗어날 게 아니라 천천히 안전지대를 넓혀가면 된다.

사람이 많은 모임에 참여하더라도 여러 사람과 교류해야 한다는 강박을 버리고 1:1 관계에 집중해보자. 본받을 점이 있는 사람을 찾아 그와 안정적으로 친분을 쌓아야 사교 활동으로 인한 에너지 소모를 줄이고 성장 동력을 얻을 수 있다.

나는 내향형 인간으로서 타인의 속마음을 의식하는 편으로, 사람에게는 누구나 자신만의 보이지 않는 바운더리가 있으며, 여기에는 예고 없이 아무나 발을 들일 수 없다는 사실도 잘 알고 있다. 그래서 함부로 선을 넘지 않고 적정 거리를 유지하려고 노력한다. 어떤 관계든 사람과 사람 사이에는 서로의 코드가 맞는지 확인하는 과정과 서로에 대한 존중이 필요하다. 무리하

면서까지 친구를 사귈 필요는 없다. 친구를 사귀는 이유는 단순히 인맥을 넓히기 위해서 또는 외톨이가 되지 않기 위해서가 아니라 타인에게서 배울 점을 찾고, 서로의 기쁨과 슬픔을 함께 나누기 위함이기 때문이다.

우리는 친구가 없는 게 아니라 진심으로 서로를 대할 수 있는 단짝을 원하는 것이다.

03 한가지에
집중하는 기질은

잘 살려볼
만하다

힘들게 여기저기 주먹을 날리기보다 정신을 집중해 한 방에 KO를 시키는 게 낫다.

. . .

내 어머니의 말씀에 따르면 나는 어려서부터 착한 아이였다. 친구들과 모였을 때도 나는 다른 아이들과 함께 떠들며 장난치는 법 없이 혼자 조용히 장난감을 가지고 놀았다고 한다. 아무래도 이 정도면 착한 게 아니라 내게 자폐가 있는 건 아닌지 걱정했어야 맞지 않나 싶지만 말이다.

어쨌든 나는 줄곧 '내향적이다', '조용하다', '소극적이다'라는 말을 들으며 성장했고, 이 성장 과정에서 혼자 있어도 상관없다고 느끼게 만드는 어떤 기질이 내 안에 자리하고 있음을 발견

할 수 있었다. 이 기질은 나의 학업과 커리어에 긍정적인 영향을 미치기도 했는데, 그것은 바로 내가 좋아하는 일과 하고 싶어 하는 일에 대해 엄청난 집중력을 발휘한다는 것이었다.

다른 내향형 인간들도 나와 같은지는 모르겠지만, 나는 사람들과 어울리고 소통하는 데는 서툴러도 일에서만큼은 한눈을 갈지 않고 몰두하며, 특히 스스로 흥미를 느끼는 일에는 더 깊이 파고들어 끝장을 봐야 직성이 풀리는데, 개인적으로 이는 잘 살려 활용해볼 만한 기질이라고 생각한다.

일에 집중하면 자연스레 효율이 높아지는데, 이런 '효율적인 일 처리 능력'은 직장에서 상사와 동료에게 인정받을 수 있는 중요한 요소이다. 효율적으로 일을 처리하려면 일의 우선순위를 정할 줄 알아야 함은 물론이고 집중해서 일을 처리하는 것 또한 관건이다. 다른 잡다한 일에 한눈팔지 않아야 불필요한 간섭을 배제하고 정신을 집중하여 문제의 해결 방법을 생각할 수 있고, 나아가 눈앞의 일을 더 빠르게, 더 잘 마무리할 수 있어서다.

내가 들은 바에 따르면 내향적인 사람이 외향적인 사람보다 사교적 행위에 관심도가 낮아서 스스로 더 가치 있다고 생각하는 일이나 끝내야 한다고 생각하는 일에 더 많은 시간과 에너지를 쏟을 수 있는 것이라고 한다. 자신도 내향형 인간인데 아직 본인의 장점이 무엇인지 잘 모르겠다면 자신의 관심도를 확인해보는 것도 좋은 방법이 될 수 있다. 어떤 한 가지 임무를 장시간 수행할 수 있는 능력을 지녔다면 연구나 재무, 창작 또는 수공예 분야의 일 등을 해봐도 좋다. 해당 분야에서 전문가로 거듭나는 데 당신의 집중력이 도움을 줄 테니까.

한 가지 일에 집중할 수 있다는 건 개인 플레이에 강하다는 뜻이기도 하다.

사람들은 대체로 팀플레이, 즉 동료와 협동하는 작업을 선호한다. 모두와 함께 모여 토론하고 의견을 공유하는 기분을 즐기는 것이다. 물론 팀 플레이는 동반 성장의 원동력이기도 하다. 그러나 좀 더 효율적으로 프로젝트의 목표를 달성하려면 '분업'이라는 요소를 절대 무시할 수 없다.

모든 사람이 각자에게 할당된 임무를 홀로 완수할 수 있어 감독과 도움을 최소화한 상황에서도 제 몫을 해낼 때 프로젝트가 순조롭게 진행될 수 있기 때문이다. 그러니 팀을 위해 자신의 집중력을 발휘하여 모두가 인정하는 능력으로 만들어보자.

어쩌면 스스로 외향형 인간만큼 주목받지는 못할 거라는 생각을 하고 있을지도 모르겠다. 그러나 당신에게도 칭찬받을 만

한 다른 가치가 있고, 팀에 이바지할 부분이 분명히 있으니 함부로 자신을 비하하지 말자. 집중력이 강하다면 이는 매우 훌륭한 장점이다. 어떤 일에 '전념'하는 것은 많은 사람에게 쉽지 않은 일이기 때문이다.

집중은 목표와 무관한, 쓸데없는 모든 일을 잠시 차단한 다음 자신의 목표나 관심사에 계속 마음을 쏟을 수 있도록 유도하는 일종의 두뇌 활동이다. 그런 까닭에 집중력을 유지하는 데에는 에너지 소모가 상당하다. 많은 이가 한 가지 일을 장시간 하지 못하는 이유는 바로 여기에 있다. 정말 지쳐서다. 그러나 이러한 능력도 멘탈 케어와 습관 훈련을 통해 조금씩 키워갈 수 있다.

시간관리에 성공할 수 있는 열쇠는 다른 모든 일을 배제하고 가장 중요한 일을 우선하여 현재 자신이 가지고 있는 집중력을 도두 쏟아내는 것이다. 집중력을 높이는 나의 노하우를 공유한다.

스텝 1: 간단하고도 명확한 목표를 정한다

예를 들면 업무 브리핑 자료 10페이지 작성하기, 책 한 권의 한 챕터 읽기, 도표 정리하기 등을 목표로 세우고 그 일을 시작하기에 앞서 예상 완료 시간을 정하는 것이다.

스텝 2: 외부적인 방해 요소를 차단한다

요즘에는 메시지나 알림 등을 잠시 차단하여 업무에 도움을
주는 앱이 많은 만큼, 이를 잘 활용하면 방해 요소를 꽤 효과적
으로 차단할 수 있다.

스텝 3: 휴식 시간을 정한다

목표를 완수한 후에는 머리를 식힐 시간을 줘야 한다. 자신을
위한 힐링 음료를 한 잔 마신다든지 가볍게 산책한다든지 자신
이 좋아하는 일을 하는 식으로 말이다.

이런 방법을 시도하다 보면 조금씩 집중력을 기를 수 있을 것
이다.

뭐든 빠르게 돌아가는 요즘 시대에는 직장에서도 '멀티 플레
이어'를 요구하는 추세다. 그런데 나는 오히려 무언가에 집중할
줄 알아야 여러 일을 수행해 진정한 멀티 플레이어가 될 수 있
다고 믿는다. 이는 내향형 인간이 효율을 추구하는 환경 속에서
마음 편히 살아갈 수 있는 능력이라고도 생각한다. 그러니 힘들
게 여기저기 주먹을 날리기보다 정신을 집중해 한 방에 KO를
시키는 게 낫다.

인간에게는 때로 혼자 있는 시간이 필요한데, 해야 할 일에

몰두하면 혼자 있는 시간이라도 여유롭고 편안할 수 있다. 자신을 둘러싼 복잡한 환경을 담담하게 바라보며 마땅히 해야 할 일과 하고 싶은 일에 몰두하면 진지하게 집중하는 사이에 이상적인 결과가 만들어진다. 동시에 여러 일을 처리하려고 서두르기보다는 논리적으로 순서에 따라 차근차근 하나씩 해나가는 것. 이것이 바로 혼란을 잠재우고 자신의 속도대로 삶을 심플하게 만드는 최고의 방법이다.

<u>04</u> ▲ 자기가
좋다면

조용해도, 활달해도
다 괜찮다

누군가에게 받아들여지고 받아들여지지 않고는 중요하지 않다. 중요한 건 어떤 사람에게 받아들여졌는지다. 마찬가지로 자신이 좋아하는 사람에게 미움받고 있는지가 중요하지, 미움을 받고 안 받고는 중요하지 않다.

· · ·

명랑하고 유쾌해 보이는 사람도 지쳐 도망가고 싶을 때가 있듯, 조용해서 외톨이처럼 보이는 사람이라고 반드시 외로움에 몸부림치는 건 아니다. 혼자 있길 좋아하든 여러 사람과의 교류를 원하든 이는 그저 성향의 차이일 뿐, 옳고 그름이나 우열로 나눌 수 있는 문제가 아니다. 중요한 건 어느 쪽이 좋은지를 비교하는 것이 아니라 사람을 사귀고, 인생을 살아가는 데 자신에

게 어떤 방식과 속도가 적합한지를 이해하는 것이다.

어떤 사람들은 타인과의 접촉을 즐기고 다양한 사람과의 교류를 통해 에너지를 얻는다. 이런 사람이 뛰어난 소통의 기술을 갖춰 유머와 쾌활함으로 상대에게 사랑을 받는다면 그야말로 물 만난 고기가 될 수 있을 것이다. 인간관계를 통해 서로 소통하는 즐거움을 얻을 수 있음은 물론이고, 타인에게 사랑받고 또 필요한 존재가 되는 데서 오는 만족감도 느낄 수 있을 테니까.

하지만 그렇다고 세상 사람 모두가 타인과의 교류를 갈망한다고 생각해서는 안 된다. 모든 사람이 사회 집단과의 긴밀한 연계를 원하는 건 아니기 때문이다. 우리 주변에는 타인과의 밀접한 접촉 없이 혼자서도 정말 편안하게 잘 사는 사람이 적지 않다. 누군가와 함께하는 걸 좋아하는 사람이라면 상상하기 어려울지도 모르겠지만 그들은 정말로 혼자인 삶을 즐긴다. 혼자서 쇼핑하고, 영화 보고, 여행 가고, '혼밥'하는 일들이 그들에게는 별로 대수롭지 않은 평범한 일이며, 심지어 편안하고 즐거운 시간이기도 하다.

정말 괴로운 건 타인과의 교류에 목말라하고 또 사람들에게 사랑받길 원하지만, 그 방법을 찾지 못한 사람이다. 관계의 기술이 부족해서든, 삐딱한 성격이 비호감이기 때문이든, 애초에 자신에게 어울리지 않는 사회적 환경에 있기 때문이든 이들은 사랑받길 원하고 받아들여지기를 바라지만 그러지를 못한다. 분명 혼자 있는 게 본인에게 더 나은데도 무리에서 외톨이가 될까 봐 전전긍긍하기도 한다. 그런 까닭에 어떻게든 사람들과 더 교류하려고 하지만 결국 잔뜩 상처만 입은 채 원하지만 가질 수 없고, 가질 수 없기에 더 원하게 되는 고통의 악순환에 빠진다.

사교성은 부족한데 친구는 사귀고 싶다면 어떻게 해야 할까? 가장 좋은 방법은 스스로 부담을 주지 말고 자신에게 맞는 속도를 찾는 것이다.

나의 경우에는 성급히 타인과의 거리를 좁히려 하거나 다른 사람이 나의 마음을 이해해줄 거라고 기대하지 않는다. 내가 남에게 베푼 무언가에 대해 보답을 바라지도 않는다. 이렇게 타인과의 교류에 지나친 희망을 품지 않으면 내 맘 같지 않은 인간관계도 덤덤하게 받아들일 수 있다.

여기서 중점은 얼마나 많은 사람과 교류하느냐가 아니다. 자신이 아는 모두에게 사랑받을 필요도 없다. 자신과 비슷한 가치관을 가진, 성격이 잘 맞는 사람을 만나는 게 중요하다. 그래야 부담 없이 사람을 사귀는 데서 즐거움을 찾고 나아가 에너지를 얻을 수 있다.

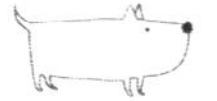

　가치관이 비슷하고 성격까지 잘 맞는 사람을 찾기가 어렵더라도 상관없다. 주변 사람과 적당히 우호적인 관계와 교류를 유지하며 혼자서도 잘 사는 방법을 익히면 된다. 자신에게 맞지 않는 인간관계로 오히려 버거움과 귀찮음을 느끼고 있다면 자신에게 부담이 없는 선에서 약간의 거리를 두고 혼자 있는 시간의 편안함을 즐겨보는 게 낫다.

　어떤 이들은 무리에 속한 사람들에게 호감을 얻고 그들 안에 들어가기 위해 자신의 진짜 모습을 드러내지 못하고 스스로 다른 캐릭터를 연기하기도 한다. 그러나 그렇게 호감을 얻으면 약간의 성취감이야 느낄 수 있겠지만 불쑥불쑥 고개를 드는 공허함과 열등감에 급기야 자기 자신이 가엾게 느껴질 것이다. 누군가에게 받아들여지고 받아들여지지 않고는 중요하지 않다. 중요한 건 어떤 사람에게 받아들여졌는지다. 마찬가지로 자신이 좋아하는 사람에게 미움받고 있는지가 중요하지, 미움을 받고 안 받고는 중요하지 않다. 지나치게 자신을 몰아붙이면서까지 타인에게 영합하려 하지 않아도 된다. 상대의 비위를 맞춰 얻어낸 관계에서는 안정감을 얻거나 자기 정체성을 유지하기 어렵다. 자기가 좋아하는 것을 먼저 이해하고, 자신을 받아들여야 남이 나를 좋아하는지 아닌지에 휘둘리지 않을 수 있다.

당신은 어떤 모습의 사람이 되고 싶은가? 사실 어떤 모습이어도 괜찮다. 자신에게 잘 맞는, 자기다운 모습이면 된다. 남의 눈에 들기 위해 그들의 시선에 자신을 끼워 맞출 필요는 없다. 자기가 자신의 모습이 정말 좋다면 조용하든 활달하든 다 괜찮다. 남이 나를 받아들이길 기다리기보다 스스로 자신을 받아들일 수 있는 상태가 되는 쪽을 선택해보자. 자신에게 맞는 최적의 상태에서 우리는 우리가 가진 잠재력을 제대로 발휘할 수 있으며, 더 나아가 에너지를 얻어 성장할 수 있다.

<u>05</u>
▲

생각을

계획으로
전환하자

자신을 정확히 파악해 나의 약점은 무엇이며 타인과 얼마나 차이가 나는지를 먼저 이해하면 적어도 어느 방향으로 남들의 뒤를 쫓는 게 시간과 에너지를 낭비하는 일인지 알 수 있다. 나아가 다른 방향을 모색하고, 옳은 방향으로 노력할 수 있게 된다.

• • •

몇 해 전, 직장에서 '애플의 스티브 잡스식 프레젠테이션 기법'이 유행하기 시작하면서 각종 회의에서 스티브 잡스를 벤치마킹해 프레젠테이션을 진행하는 사람들을 종종 볼 수 있었다. 심지어 어떤 이들은 잡스처럼 검은색 상의에 청바지를 입고, 프레젠터로 나서기도 했다. 물론 그중에는 텍스트를 최소화하고 사진과 도표의 사용을 극대화한 슬라이드를 보며 이를 말로 풀어내는 이른바 잡스식 프레젠테이션을 훌륭하게 소화한 사람도 있었다. 그러나 자신이 전달하고자 하는 포인트가 무엇인지도 명확하게 설명하지 못하는 경우가 더 많았다. 그들은 자신이 결코 또 다른 스티브 잡스가 아니며, 홍보할 제품 역시 아이폰이 아니라는 사실을 까맣게 잊고 그저 맹목적으로 모방하기에 그쳤다. 하지만 모든 사람이나 사물에 이러한 프레젠테이션 방식이 적합한 건 아니다.

사람은 저마다 다른 개체로 호불호가 다르며, 각자에게 어울리고, 잘할 수 있는 일 또한 같을 수 없다. 하지만 우리는 이 같은 사실을 쉽게 잊곤 한다.

언젠가 친구들에게 "린충밍(林聰明, 넷플릭스 시리즈 〈길 위의 세프들〉 타이완 편에도 소개된 유명 식당)의 샤궈위터우(砂鍋魚頭, 뚝배기 생선대가리탕)는 살짝 매콤한데 난 맛있었어"라고 말했다가 그 자리에서 믿을 수 없다는 듯 반문을 당한 적이 있다. 친구들은 샤궈위터우가 '맛있었다'가 아닌 '매콤하다'에 방점을 찍고 나를 놀리며 말했다.

"린충밍의 샤궈위터우탕은 달짝지근한 맛이지!"

그렇다. 이처럼 사람마다 호불호와 느끼는 바는 다 다르다. 내게는 매콤하게 느껴졌던 국물의 맛이 친구에게는 매콤하기

는커녕 달짝지근하기만 했던 것처럼 말이다. 내 친구 대부분은 매운 음식을 좋아하고 잘 먹기도 하지만, 나는 약간 매콤하고 얼큰한 맛으로 요리에 풍미를 더하는 정도를 좋아할 뿐 너무 매운 음식은 잘 먹지 못한다. 내게 마라훠궈를 먹는 일은 일종의 자학 행위이지만 마라 맛에서 통쾌함을 느끼는 사람도 많다.

호불호와 잘하는 일이 각자 다름을 증명하는 예는 우리의 일상생활 속에서 너무나 쉽게 찾아볼 수 있다. 이를테면 대충 휴대전화로 사진을 찍어도 내가 SLR 카메라를 열심히 조정해가며 찍은 것보다 훨씬 멋지고 분위기 있는 결과물을 만들어내는 사람이 있고, 평소에 늘 노는 것 같은데 시험을 보면 내가 필사적으로 책을 외워도 낼 수 없는 성적으로 상위권을 놓치지 않는 친구도 있으며, 분위기를 어색하게 만드는 나와 달리 아무리 침울한 상황에서도 활기를 불어넣어 고인 물에도 다양한 물결을 만들어내는 사람이 있다.

그래도 나는 하늘이 이런 좋은 면들을 속된 말로 다른 사람에게만 몰빵하지는 않았을 거라고 믿는다. 분명 자신에게도 남보다 잘할 수 있는 일이 있을 것이다. 다만 이를 찾기 위해 조금 더 신경 써야 할 뿐이다. 당장 자신을 정확히 파악해 나의 약점은 무엇이며 타인과 얼마나 차이가 나는지를 먼저 이해하면 적어도 어느 방향으로 남들의 뒤를 쫓는 게 시간과 에너지를 낭비하는 일인지 알 수 있다. 나아가 다른 방향을 모색하고, 옳은 방향으로 노력할 수 있게 된다. 어떤 길이 가장 평탄하고 순조로운지 아무도 장담할 수는 없지만, 울퉁불퉁 험난한 길로만 무조건 직진하지 않아도 이미 좋은 시작이라고 할 수 있다.

내향적인 성격을 타고나 말수가 적고 사람을 사귀는 데 서투르다면 말주변을 좋게 하려거나 구태여 사교 활동을 좋아하려고 애쓸 필요는 없다. 밝고 쾌활한 성격이 아니라서 상대를 가리지 않고 스스럼없이 말하는 게 어렵다면 잘 듣는 방법을 배우면 된다. 그런 다음 생각하고 계획하는 능력을 발휘하여 말없이 혼자 있는 시간을 즐기는 것이다. 내향형 인간은 능력이 없는 게 아니라 눈에 잘 띄지 않는 것뿐이니 적절한 행동과 성과로 자신을 증명하자.

대다수의 내향형 인간은 논리적인 의사결정자로, 문제를 해결하는 데 강하다. 이들은 어떤 결정을 내리기 전에 신중히 행동하고 심사숙고한다. 다만 이들에게는 제대로 생각할 수 있는 시간과 공간이 필요할 뿐이다. 어쩌면 고요함과 고독함에 익숙하기에 오히려 논리적이고 효율적으로 문제의 해결 방법을 탐색할 수 있는 건지도 모른다. 인간관계에 쉽게 영향을 받지 않는다는 점도, 좀처럼 감정에 판단이 좌지우지되지 않는다는 점도 의사결정에는 일종의 장점으로 작용한다. 그러니 말솜씨가 좋은 만인의 연인이 되길 목표하기보다 장막에서 전략을 세우는 제갈량을 목표로 노력해보는 건 어떨까.

자신의 계획 능력을 어떻게 발전시켜 나아가느냐가 고민이라면 일상생활에서 열거식으로 논리적 사고를 하는 습관을 들이는 것부터 시작해볼 수 있다.

그날그날 처리해야 하는 일들을 분류해 얻고자 하는 결과를 먼저 생각해보고 다시 어떤 일을 어떻게 해야 원하는 결과를 얻을 수 있을지 되짚어보는 것이다. 그런 다음에는 장르에 상관없이 다양한 책과 잡지와 인터넷상의 자료를 섭렵해 지식과 경험을 최대한 쌓아보자. 가진 지식이 많을수록 더 나은 계획과 결정을 할 수 있을 테니까.

스스로 한계를 정하지 말고 자신의 능력이 닿는 범위 내에서 다양한 시도를 많이 해봐야 한다. 예전과는 다른 일을 해보고, 나와는 다른 특기를 가진, 다른 분야의 사람들을 만나보자. 그러면 판단과 분석을 위한 데이터베이스를 더 많이 축적하여 다양한 처세의 지혜를 얻을 수 있다.

누구나 평범한 면과 뛰어난 면을 모두 가지고 있다. 평범하거나 여린 건 결코 부끄러운 일이 아니다. 하지만 자신이 가진 약점을 회피해서는 진짜로 성숙한 어른이 될 수 없다. 자신의 약점을 개선하려 노력하되 이를 남과 비교하거나 경쟁하는 대상으로 삼아서는 안 된다. 자신의 장점을 살려 본인이 잘하는 일을 하면서 훌륭한 자아를 보여주면 평범한 면이 여전히 존재하더라도 눈에 띄는 약점이 되지 않는다.

스스로 좋아하고 또 인정할 수 있는 사람이 되기 위해 노력하는 것. 이것이 우리의 행복을 결정짓는 열쇠다.

남들이 나를 좋아해줄 것인지, 인정해줄 것인지에만 집중해 자신의 단점을 끊임없이 타인과 비교하다 보면 사소한 것 하나하나에 연연하느라 마음 편할 날이 없게 된다. 자신을 아끼고 대접해주는 사람에게는 친절로 되돌려주고, 자신을 소홀히 여기는 사람은 무시하는 게 속 편히 사는 길이다. 사람은 늘 균형과 주고받기를 원하기 때문이다. 그러니 자신에게 시간을 줘보자. 시간을 두고 조금씩 자신의 장점을 키우다 보면 언젠가는 이 세상과 어울려 살아갈 방법을 찾아낼 테니까.

06

불안함은
자신의 능력을

갈고닦게 만드는
원동력이다

쉽게 긴장하고 걱정을 많이 하는 사람은 실수를 피하고자 미리미리 대비한다. 그리고 일단 준비를 마치면 결사의 각오로 어떻게든 해야 할 일들을 마무리한다.

. . .

살면서 가끔 서툴거나 해본 적 없는 일을 만나면 겉으로는 냉정한 듯 아무렇지 않아 보이는 나이지만, 실은 긴장감과 걱정에 내 속이 속이 아닐 때가 많다.

나와 같은 유형이라면 당신 또한 '제대로 하지 못하면 망신인데', '일을 망치면 어떻게 하지?', '실패하면 끝이겠지?' 등등 실패에 대한 두려움과 좋은 성과를 내지 못할까 봐 걱정하는 마음에 늘 긴장감이 용솟음칠 것이다. 하지만 긴장과 걱정이 완전히 나쁜 것만은 아니니 스스로 소심하다고 탓할 필요는 없다.

긴장과 걱정은 우리에게 도움 될 수 있다. 심리학에서는 이를 '위기 감지'라고 부르는데, 소위 소심한 성격이 사전에 위험을 감지해 제때 피할 수 있게 해주기 때문이다. 이뿐만 아니라 자신의 부족함을 인지하여 미리미리 준비하고 대처할 수 있게 도와주기도 한다. 실제로 쉽게 긴장하고 걱정이 많은 사람이 보통 사람보다 위기관리 능력이 강하다는 연구 결과가 있다.

예컨대 긴장과 걱정을 잘하는 사람은 늘 위험에 대한 경각심을 잃지 않고 조심스럽게 행동하기 때문에 어쩌면 대담하지 못하고 우유부단하다는 인상을 줄 수 있지만, 사실은 꼭 그렇지만도 않다는 것이다. 쉽게 긴장하고 걱정을 많이 하는 사람은 실수를 피하고자 미리미리 대비한다. 그리고 일단 준비를 마치면 결사의 각오로 어떻게든 해야 할 일들을 마무리한다.

나는 물을 무서워해서 수영을 전혀 하지 못하는 사람이었다. 그런데 공교롭게도 군 복무 시절 해군에 가게 되었다. 신병교육대에서 합동 훈련을 진행하는 두 달 안에 최소한 200미터를 수영할 줄 알아야 훈련을 수료할 수 있었는데, 결국 나는 이를 해내고야 말았다. 그것도 정해진 시간 안에. 당시 교육을 담당했던 조교는 기초 수영법을 가르쳐주면서 가끔 수영에 서툰 훈련

병을 수심이 깊은 수영장에 밀어 넣었는데, 이 방법이 내게는 효과가 있었다. 실제로 사람이 위험에 처하면 그 환경에 적응해 위험에서 벗어나도록 체내에서 아드레날린이 분비되어 체력을 향상하는데, 수영 수업을 받을 때마다 내가 느꼈던 긴장과 불안이 결과적으로 수영법을 더 빠르게 익히는 데 도움 되었다.

쉽게 긴장하고 걱정하는 사람은 직장에서 오히려 훌륭한 성과를 내기도 한다. 만에 하나 일을 제대로 해내지 못하면 동료들을 곤란에 빠트릴 수 있고, 예상만 못 한 성과에 일자리를 잃을지도 모른다고 생각하기 때문이다. 이렇게 위기감이 생기면 더 신중하고 진지하게 수중의 일을 처리하게 되어 자연스레 자신의 예상을 뛰어넘는 성과를 내게 되는 것이다.

한편 내가 봤던 흥미로운 연구 결과에 따르면 긴장과 불안을 잘 느끼는 사람이 보통 사람보다 기억력이 좋으며, 심지어 한 번 본 것은 잘 잊어버리지 않아 박학다식하다고 말할 정도라고 한다. 우리의 두뇌 시스템은 쉽고 빠르게 정보를 찾기 위하여 쓸모없는 정보는 쉽게 잊어버리고, 자주 사용하거나 중요한 정보만 남기는 특징이 있다. 그러나 긴장과 불안이라는 감정이 뇌기능을 작동하게 하여 자신의 눈앞에 있는 사람이나 사물을 기억하도록 주의를 환기하는 것이다. 알아봐야 할 사람, 해야 할 일, 지켜야 할 약속 등을 제대로 기억하여 위기에 빠지거나 실수하는 상황을 피해 갈 수 있도록 말이다. 학생 시절을 지나온 사람이라면 모두 공감하겠지만 관심 없는 수업에 집중하기란 여간 어려운 일이 아니다. 아마 선생님의 말씀이 한 귀로 들어 왔다 다른 한 귀로 나가는 게 예삿일이었을 것이다. 그러나 선 생님이 "이번에 설명하는 부분은 중간고사에 출제될 겁니다"라 고 말하는 순간, 곧바로 정신을 집중해 수업 내용을 더 쉽게 기 억할 수 있지 않았던가.

물론 쉽게 긴장하는 사람들 전부가 앞서 언급한 연구 결과와 같이 비상한 기억력을 가지는 건 아니다. 일부 사람은 오히려 두뇌 활동의 효율이 떨어져 일시적으로 기능을 멈추는 속칭 '다운' 상태가 되기도 한다.

평소 과도한 긴장감에 실력 발휘를 제대로 하지 못하는 타입 이라면 내가 긴장감을 낮출 때 사용하는 두 가지 방법을 추천 한다. 그 첫 번째는 물리적으로 머리와 목을 마사지해주는 방법 이다. 긴장감이 몰려오기 시작하면 온몸이 경직 상태에 놓이기 때문인데, 이때 두 손으로 이마부터 뒤통수까지 천천히 압력을 가해 머리근육에 부드러운 자극을 주면 바짝 긴장한 심신을 이 완하여 안정을 찾는 데 도움 된다. 두 번째는 좀 더 근본적인 방 법으로 자신이 쉽게 긴장과 불안을 느끼는 원인이나 일을 찾아

두려움을 마주하고 자기 자신을 믿는 연습을 하는 것이다. 나는 이런 의식적인 노력을 통해 남들 앞에 나서서 이야기하는 것에 대한 두려움을 마주해 극복할 수 있었다.

적당한 긴장감과 걱정은 우리 뇌에서 기억이나 관찰을 담당하는 기능을 활성화한다. 직장생활 중에도 긴장과 걱정이 고개를 드는 순간이 있겠지만 그래도 괜찮다. 지나치지만 않다면 약간의 긴장감을 유지하는 게 오히려 더 좋은 결과로 이어질 수 있다. 불안을 해소하기 위해 올바른 행동을 취하게 되고, 더 꼼꼼하고 세심하게 일과 사람을 대하게 될 테니까.

더는 쉽게 긴장하면서 위축되는 자신을 탓하지 말고 이러한 특질을 잘 활용하여 동력으로 삼아보는 건 어떨까? 꾸준한 성장을 원한다면 적당히 불안한 환경 속에 자신을 내던져야 한다. 그래야 더 빨리, 더 잘 배울 수 있다. 불안이 엄습할 때는 혼란스러워하지 말고 불안할 수 있다며 자기 자신을 다독여보자. 마음속의 불안을 이겨내면 우리의 능력도 빠르게 성장할 것이다.

07

솔직함이

나아질 기회를
만든다

가장 좋은 방법은 자신의 불안함과 부족함을 솔직하게 인정하는 것이다. 그러면 스트레스에서 벗어날 뿐만 아니라 그 안에서 성장할 수 있다.

· · ·

가끔 이런 때가 있을 것이다. 자신이 한 일이 다른 사람을 불쾌하게 만들지는 않을지, 행여 민폐를 끼치는 건 아닐지 염려된다거나 지금 하는 일이 본인이 잘하는 일이 아니라서 남들의 기대에 미치지 못하는 결과를 내는 건 아닐지 걱정되는 그런 때 말이다.

사실 사람은 누구나 부족한 구석이 있고 자신도 어느 정도는 이러한 사실을 알고 있다. 다만 이를 직시하고 마주하려는 사람

이 적은 것뿐이다. 왜냐하면 자신의 부족함과 나약함을 마주하는 일에는 엄청난 용기가 필요하기 때문이다.

사람들은 모두 타인에게 사랑받고 존중받길 원하며 다른 사람에게 약한 모습을 보이면 무시를 당하지 않을까 걱정한다. 그러나 불완전하고 엉망진창인 모습을 포함하여 자신의 전부를 온전히 받아들이고, 또 자신의 감정을 이해하는 방법을 익힌다면 마음속 깊이 묻어둔 부담을 덜어내 한결 가벼운 마음이 될 수 있다.

물론 자신의 전부를 온전히 받아들이기란 말처럼 쉬운 일이 아니다. 과감하게 자존심을 내려놓아야 하는 만큼 많은 시간을 들여 마음을 다져야 한다. 어떤 이들은 이 때문에 더욱 초조하고 불안해하기도 하며, 심지어 계속 버티기 위해 나는 아무 문제도 없다고, 해낼 수 있다고 자신을 속이기도 한다. 하지만 계속 무리를 해봐야 마음만 아프고 결과는 더 나빠질 뿐이다.

혹시 다른 사람을 걱정시키고 싶지 않아서, 폐를 끼치고 싶지 않아서, 남들을 곤란하게 만들고 싶지 않아서 자신이 이미 한계점에 도달했음을 분명히 알면서도 누군가 기꺼이 내민 도움의 손길 앞에 저도 모르게 "괜찮아요, 할 수 있어요"라고 말하고 있는가? 이렇게 해서 결국 정말로 버텨낼 때도 있겠지만 이는 운이 좋은 경우다. 사실, 매번 이런 운이 따라주지는 않는다. 오히려 "괜찮아요"라는 한마디가 이후의 더 많은 문제를 불러온다.

남들에게 폐를 끼치고 싶지 않은 마음은 일종의 배려이며, 다른 사람을 걱정시키고 싶지 않은 마음은 강인함을 뜻한다. 그러나 자신의 감정을 감추고 눈앞의 문제를 회피하는 쪽을 선택해서는 일이 절대로 좋은 방향으로 발전할 수 없다는 사실을 명심해야 한다.

가장 좋은 방법은 자신의 불안함과 부족함을 솔직하게 인정하는 것이다. 그러면 스트레스에서 벗어날 뿐만 아니라 그 안에서 성장할 수 있다.

이에 분명 다 아는데도 행동으로 옮기기가 쉽지 않다고 생각하는 사람이 많을 것이다. 자신의 능력에 한계가 있음을 솔직하게 이야기하고, 자신의 두려움을 인정해야 한다는 걸 알아도 막상 나약함과 두려움을 직시하려고 하면 무거운 마음이 자신을 짓누르는 듯하다면서 말이다. 진심으로 마음의 무거운 짐을 내려놓고 싶은데 좀처럼 자신의 마음을 마주할 수 없었다면 다음과 같은 방법을 시도해볼 수 있다. 설령 문제를 완전히 해결하지는 못하더라도 효과적으로 마음의 불안을 덜어낼 수 있고, 누구나 할 수 있는 방법, 그것은 바로 '솔직하게 말하기'다.

아마 이게 무슨 소리인가 싶을 것이다. '말을 못 하니까 그렇

게 스트레스를 받는 건데 무슨 수로 말을 하라는 거야?'라는 생각이 들었을 것이다.

그렇다. 확실히 여기에는 많은 연습이 필요하다. 불안과 스트레스가 엄습해올 때마다 마음속의 감정을 말로 꺼내야 한다. 약간의 우려와 주저함에도 우리는 멈칫하게 되고, 그렇게 우리의 감정이 제자리걸음을 반복하는 사이 스트레스는 갈수록 쌓이게 되기 때문이다. 그러니 자신을 위해 '불안이나 두려움을 느낄 때마다 솔직하게 이야기하자'라는 규칙을 정해보자.

너무 많이 생각하지도, 너무 질질 끌지도 말고 문제가 생기면 직접 물어보거나 도움을 청하는 방법으로 자신의 부족함과 불안함을 직시하는 것이다.

"믿어주셔서 감사합니다. 최선을 다할게요. 그런데 제가 이쪽으로는 아직 경험이 부족해서 조언이 필요한데, 혹시 도움 주실 분을 찾을 수 있을까요?"

"이 일을 하고 싶지만, 내겐 네 생각도 중요해. 내가 널 곤란하게 만든다면 꼭 알려줘."

"정말 돕고 싶은데 당장 일이 너무 많네. 며칠 지나야 끝나는 프로젝트들도 있고. 지금은 도울 방법이 없지만 내 일을 끝내면 바로 얘기할게."

이처럼 자신의 감정과 생각을 적절히 표현하면 된다. 방법은 이게 전부다. 자신의 마음을 마주하지 못하고 불안과 걱정에 사로잡혀 있다면 '곧바로 말하기'를 적극적으로 실천해보자.

이 규칙의 장점은 시간을 들여 여러 생각을 할 필요가 없이 입을 여는 그 순간 자신의 불안과 걱정을 마주할 수 있다는 데 있다. 너무 많은 걸 고려하느라 우물쭈물 앞으로 나아가지 못하는 사람에게, 분명 한계에 도달하고도 여전히 남들을 생각하느라 버티고 있는 사람에게 이는 매우 유용한 방법이 될 것이라고 믿는다.

침착하고 내성적이며 조용한 성격은 내향형 인간의 장점이지만 표현에 서툴러 쉽게 손해를 볼 수 있는 부분이기도 하다. 주변 사람에게 자신의 감정과 생각을 적시에 밝히고, 눈앞의 문제를 지적하는 것은 의사소통과 팀워크뿐만 아니라 일을 더 효율적으로 추진하는 데도 도움 된다. 자신의 고충을 이야기하고, 문제의 핵심을 말해야 진짜로 주변 사람들에게 피해를 주지 않을 수 있다.

08 ▲ 변할
필요없이

약간의조절이면
충분하다

우리는 영원히 다른 사람이 될 수 없다. 자신의 성격적 특질
이 아닌 것을 갖겠다고 고집해봐야 더 나아지기는커녕 역효과
가 나 아픔과 괴로움만 남을 뿐이다.

. . .

우리는 내향형 인간의 기질과 능력으로 자신이 가진 기질을
잘 활용한다면 꽤 훌륭한 장점으로 발전시킬 수 있음을 알게
되었다. 본인이 성격 스펙트럼의 어느 쪽에 속하든 자신이 좋아
하고, 손쉽게 할 수 있으며, 약간의 노력으로도 좋은 결과를 낼
수 있는 일을 찾기만 하면 잠재력을 제대로 발휘할 기회가 생
긴다.

외향형 인간이든 내향형 인간이든 더 나은 사람이 되는 데에

는 사실 엄청난 변화가 필요하지 않다. 지금 가진 것을 기초로 살짝만 조절하면 된다. 우리는 영원히 다른 사람이 될 수 없다. 자신의 성격적 특질이 아닌 것을 갖겠다고 고집해봐야 더 나아지기는커녕 역효과가 나 아픔과 괴로움만 남을 뿐이다.

더 나은 모습으로 거듭나기 위한 적당한 방법은 '조절'과 '극대화'다.

자신의 약점이나 단점은 아무리 노력해도 장점으로 바꾸기 어려운 경우가 많아서 차라리 단계적인 조절로 천천히 개선해 가는 게 낫다. 그러면 적어도 그 약점이나 단점이 우리 삶의 걸림돌이 될 일은 없을 것이다. 그리고 무엇보다 자신의 능력과 특질상의 강점 또는 장점을 극대화하는 것이 가장 중요하다. 자신이 잘할 수 있는 부분에 힘을 써야 쉽게 손이 가고 스트레스도 덜하기 때문이다. 잘하는 것에 초점을 맞춰 더 정진하는 자세는 인생이라는 경기장에서 가장 큰 장점이 되어줄 것이다.

예를 들어 평소 말주변이 없고 반응이 느려 친구를 사귀는 데 종종 좌절감을 느끼지만, 타인의 마음과 욕구를 잘 알아차리는 편이라면 이는 '공감 능력'이라는 장점을 가진 것이다. 이런 사람은 말이 아닌 행동으로 공감과 배려를 표현해 상대와의 거리를 천천히 좁혀볼 수 있다. 한편, 가만히 앉아 장시간 타이핑하거나 서류를 처리하는 게 힘든 사람은 앞서 소개한 집중력 높이는 방법을 참고해봐도 좋다. 말하기를 좋아하는 사람이라면 음성 입력 기능을 활용해보는 것도 한 방법이다. 사람들과의 소통을 즐기며 활동적인 일을 좋아하는 사람은 이곳저곳을 누비며 할 수 있는 일을 찾아야 한다.

좀처럼 개선하기 어려운 단점이 있다고 해도 괜찮으니, 자신의 장점을 꾸준히 강화해보자. 자신이 가진 장점이나 능력이 충분히 강해지고 명백해지면 다른 사소한 단점들은 자연스럽게 가려질 것이다.

물론 자신을 바꾸는 일은 결코 쉬운 게 아니다. 성격적 특질은 결국 타고나는 것이라 이미 우리의 몸과 마음에 단단히 뿌리를 내리고 있기 때문이다. 엄청난 변화는 고사하고 사소한 부분을 조절하는 데도 많은 시간과 공을 들여야 한다. 그러므로 장점을 극대화하려면 흔들리지 않는 마음부터 준비하길 바란다.

어쩌면 혹자는 내가 왜 이런 고생을 해야 하나 생각할 수도 있다. 확실히 타고난 성격과 기질에 따라 환경에 순응하며 살아도 나쁠 건 없다. 무리하게 요구하지 않고, 남과 비교하지 않아도 편하고 자유롭게 살 수 있다. 그런데 현재에 만족할 수 없다면, 그래서 더 나아지고 싶다면 자신이 얼마만큼의 노력을 쏟아부어야 하는지 알 필요가 있다. 일상이란 본래 우리가 마주하고, 받아들이고, 처리해야 하는 일들의 연속으로 전부 우리의 선택에 달려 있다. 마주하고 받아들이기로 선택했다면 그래서 일을 처리했다면 스스로 마음에 부끄러운 바가 없어야 마지막의 결과가 기대에 부응하지 못하더라도 자연스럽게 결과를 인정하고 마음을 내려놓을 수 있는 법이다.

진짜 어려움은 극복할 수 있다. 극복할 수 없는 건 상상 속의 어려움뿐이다. 그리고 이러한 어려움을 극복하는 건 노력이라는 능력이다.

자신을 위해 매달 3개에서 5개 정도의 목표를 세워보자. 목표라고 해서 너무 거창할 필요는 없다. 자신이 충분히 할 수 있고, 약간의 시간과 힘을 들여 달성할 수 있는 목표면 충분하다. 목표를 세우고 이를 달성하는 과정에서 성취감을 얻으면 이를 지속해 나갈 동력이 생긴다. 방법은 간단하다. '단어 10개씩 외우기', '새로운 친구 3명 사귀기', '책 3권 읽기' 등 너무 높지는 않지만, 구체적인 수치를 정해 꾸준히 최선을 다해 지속해 나아가면 된다. 자신이 할 수 있는 일을 착실하게 하나하나 해나가 조금씩 조금씩 발전하면 자신감은 절로 생겨난다.

자신감이란 자신이 할 수 있음을 아는 것이다. 이는 행여 잠시 해내지 못해 좌절하더라도 다시금 분발하게 만드는 힘이자 그 과정에서 배우고 성장할 수 있다는 믿음이기도 하다. 사람은

누구나 단점을 가지고 있고, 그 단점을 완전히 개선할 수 있으리라는 보장은 없다. 그러나 천천히 지혜와 경험을 축적하여 우리의 장점을 극대화하면 작은 단점들이 초점이 될 일은 자연스레 없어진다.

이 밖에도 '일기 쓰기'를 함께하는 것 또한 매우 효과적인 방법이다.

일기를 쓰면 하루 동안 있었던 일들을 되돌아보고 다시 현재를 생각하며 자신의 감정에 집중할 수 있다. 일기에 뭘 써야 할지 당최 모르겠다면 하루 중 '가장 개선하고 싶었던 일'과 '가장 잘한 일' 그리고 '가장 감사했던 일'을 기록해보자. 일기를 통해 어떻게 해야 더 나아질 수 있는지를 다시 생각하고, 스스로 잘한 일을 칭찬하며, 더 나은 사람이 될 수 있게 도와준 이에 대한 고마움을 기억할 수 있다면 그것으로 충분하다.

특히 일기 쓰기는 내향형 인간이 생각을 정리하고 표현 방법을 훈련하기에 매우 적합한 방법이다. 매일 일기 쓰기가 부담스럽다면 일주일에 두세 번 정도만 써도 좋다. 중요한 건 글쓰기를 통해 자신의 감정을 한 글자 한 글자 분명하게 적는 것이다. 그러면 어느새 마음으로 기억하게 되고 이를 통해 자신의 감정과 생각을 정리해 앞으로의 행동을 어떻게 조절해야 할지를 생각해볼 수 있다.

심리학자들의 말에 따르면 글을 쓰는 과정이 근심과 스트레스를 줄이고 자율신경을 재설정하여 긍정적인 영향을 준다고 한다. 그러니 글쓰기를 통해 자신과 대화해보자. 어떤 일이 자기를 기쁘게 하고, 만족감을 주는지, 어떤 일을 못 하고, 어떤 일에 속상해하는지를 구별하며 끊임없이 자기반성을 하다 보면 현재 노력의 방향이 올바른지 아닌지를 파악해 조금씩 천천히 더 나은 모습으로 거듭날 수 있다.

자신에게 맞지 않는 일을 억지로 할 필요는 없다. 내가 뭘 할 수 있고, 뭘 좋아하며, 남보다 뭘 더 잘하는지를 이해하고, 그걸 100% 발휘해보는 것. 이보다 더 중요한 일은 없다.

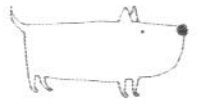

자신감이란 자신이 할 수 있음을 아는 것이다.
이는 행여 잠시 해내지 못해 좌절하더라도 다시금 분발하게 만드는 힘이자
그 과정에서 배우고 성장할 수 있다는 믿음이기도 하다.

빠르게 가고자 한다면 먼저 걸음을 늦춰보자.
살면서 항상 빠른 것만 추구할 수는 없다.
적절한 때에 속도를 늦춰줘야 할 필요도 있다.
나에게 맞는 템포로 나아가야 무사히 목표에 도달할 수 있다.

PART 2

더디지만 거침없는 전진

<u>09</u>
▲

느리지만
거침없이,

조용하고
평온하게

어디로 가야 할지 방향만 분명히 알고 있다면 다른 사람에게 추월 당할 걱정을 할 필요가 뭐 있을까? 조급해할 것 없다. 목표를 향해 나아가고 있는 게 확실하다면 결국 그 목표에 가 닿을 테니까.

. . .

예전에 나는 개인적인 성격과 습관 탓에 늘 업무와 잡무로 일정을 타이트하게 꽉꽉 채우곤 했다. 맡은 일에 대한 책임감 때문이기도 했지만 지금 생각해보면 세상에 내 능력을 보여주고 거기서 자기 만족감을 느끼고 싶다는 생각이 마음속 깊이 자리하고 있었던 것 같다. 정말 심할 때는 회의, 원고 쓰기, 업무 처리, 이벤트 현장 세팅 그리고 다음 날의 프로젝트 진행에 이르기까지 줄줄이 이어진 일정을 소화하는 동안 침대에 누워 한두

시간 쪽잠을 자는 게 휴식의 전부였고, 심지어 이러한 날들이 한동안 지속되기도 했다. 모든 과정이 마치 출발을 알리는 총성이 '탕' 울리면 전력 질주하다가 다시 다음 일정을 향해 또 달려가는 식으로 휴식 시간이랄 게 거의 없었다.

한때는 이렇게 나 자신을 설득하기도 했다.

'뭐, 별수 있나. 일은 산더미고 시간은 없는걸.'

하지만 그렇게 어느 정도 시간이 흐르자 막막함이 느껴졌고, 이러한 감정은 바쁠수록 더해갔다. 예전엔 다양한 일을 완수하는 데서 만족감을 얻을 수 있었고, 내가 다른 사람들에게 필요한 존재이며, 신뢰를 받고 있다고 느꼈다. 이후에도 이런 점에는 변함이 없었지만, 어째서인지 마음속의 공허함은 갈수록 커져만 갔다.

한번은 모처럼 틈이 생겨 혼자 단수이(淡水, 타이완의 항구도시) 부두를 산책하며 주변의 사람들과 풍경을 음미한 적이 있었다. 천천히 부두를 떠나는 페리와 얼굴을 스치며 살랑살랑 불어오는 바닷바람, 행복한 미소로 가득한 일가족, 화폭에 강변의 풍경을 담아내는 어르신 그리고 일몰 직전의 환상적인 하늘빛까지. 그제야 나는 내가 주변의 사람과 사물을 제대로 느껴본 지가 정말 정말 오래되었음을 깨달았다.

내가 무척 공감했던 광고문구가 떠오르는 순간이었다.

'세상이 빠르게 돌아갈수록 마음은 느긋하게.'

우리는 모두 인생이라는 길 위를 달리고 있다. 그러나 자신이 달려가야 할 방향이 정확히 어느 쪽인지, 왜 달음질해야 하는지 우리는 알고 있을까? 어쩌면 모두가 앞으로 나아가기 위해 전력 질주 중이기에 이를 따라가지 않으면 무리에서 뒤처지고 도태될까 봐 다른 사람들을 추월하고 또 때로는 추월당하며 자신을 점점 초조함과 불안함으로 내몰고 있는지도 모른다.

이후 나는 깨달았다. 어디로 가야 할지 방향만 분명히 알고 있다면 다른 사람에게 추월당할까 봐 걱정할 필요가 없다는 사실을. 그렇다. 조급해할 것 없다. 목표를 향해 나아가고 있는 게 확실하다면 결국에는 그 목표에 가 닿을 테니까. 그러니 무작정 달려 나가기보다 길가의 풍경을 충분히 감상하면서 걷는 게 낫다. 인생이란 황급히 흘려보내도 되는 그저 그런 시간이 아니라 지나는 과정 과정을 가슴에 새겨야 할 만큼 가치 있는 것이다. 조급한 마음에 시간을 재촉하느라 무거운 짐을 짊어지지도, 가만히 멈춰 있느라 시간을 낭비하지도 말고 자신에게 맞는 속도를 찾아야 한다.

시간을 소중히 여기며 우리가 정말 걱정해야 할 것은 인생을

제대로 맛보고 있느냐다. 이를 위해서는 삶을 조금 더 길게 바라보고, 일상을 조금 더 가깝게 느껴볼 필요가 있다. 눈앞에 닥친 일을 해결하는 데 급급해하기보다 자신의 페이스에 맞게 삶을 조절해보자. 서두르지 않고 침착하게 하나하나 차근차근 자신을 위한 시간과 공간을 내어주고, 주변 사람들과 사물들을 온전히 느끼다 보면 마음이 느긋해지고, 급박한 현실 속에서도 여유로운 삶을 살 수 있다.

바쁠수록 마음을 느긋하게 가져보려고 더 많이 시도할 필요가 있다. 물론 그렇다고 기존의 일과 생활권에서 벗어나야 한다든가, 일부러 쾌적한 커피숍에 앉아 한가로이 시간을 보내야 한다는 뜻은 아니다. 마음을 느긋하게 먹는 건 일종의 자성과 같다. 자신의 속마음을 발견하는 과정에서 자기를 이해하고, 삶의 가치를 찾아 그것을 실현하기 위해 노력해야 한다. 어떻게? 자신에게 잘 맞고 효율적인 생활 리듬을 찾아 잘 쉬고, 잘 충전할 줄 알면 된다.

아마 모든 사람이 여러 역할을 전환해가며 하루하루를 보낼 것이다. 부서장이었다가 집안의 보호자가 되기도 하는 식으로 말이다. 그런데 이런 각각의 역할에는 서로 다른 임무가 있다. 그중에는 다양하지만 사소한 것도, 간단하지만 복잡한 것도 있는데 이들이 얽히고설켜 혼란을 만들어낸다. 이러한 생활을 개선하고 싶다면 먼저 자신의 일정을 잘 계획해야 한다. 할 일을 열거해 일의 경중과 완급을 구분한 다음 계획에 따라 차례대로 일을 처리하는 것이다. 중요한 일에 영향을 줄 부탁들을 거절하고 해야 할 일들을 완료하는 데 집중하면 무질서하게 하루하루를 보내며 시간을 낭비할 일이 없어진다.

물론 인생의 모든 시간을 의미 있는 일에 써야 하는 건 아니다. 오히려 식물 키우기라든지 드라마나 영화 보기, 산책하기 등 언뜻 무의미하고 별 영양가 없어 보이는 취미에 시간을 할애해야 한다. 이런 건 귀한 시간을 낭비하는 일이 아니냐고 반문하는 이도 있겠지만, 이처럼 중요하지 않은 일이 많은 사람에게는 충전과 휴식의 시간이 되므로 순전히 낭비라고는 할 수 없다.

바쁜 와중에 틈틈이 심호흡할 시간을 갖고, 피로한 하루 끝에 맛있는 식사나 스트레스를 풀어줄 드라마 한 편 혹은 아무것도 하지 않을 자유를 허락해주자. 부차적인 일을 포기하고 자신의 인생에서 중요한 것들을 위해 시간을 남겨둘 줄 알아야 한다. 가족이나 반려동물과 함께 시간을 보내고, 책을 읽고, 친구를 만나는 일들이 빠르게 나아가야 할 순간에도 마음의 여유를 줄 테니까.

평온함은 소란함에서 멀리 벗어나 아무것에도 얽매이지 않

는다고 얻어지는 게 아니다. 모든 일이 상대적이듯 일상의 어수선함과 혼란함과 불안함 속에서도 숨돌릴 틈을 마련해 잠시 긴장을 풀고 멍하게 있는 시간을 갖는 것, 성가시고 사소한 일들에서 방해받지 않고 그냥 가만히 있을 때 느껴지는 편안함, 이것이 바로 평온함이다.

그러니 천천히 조용하게 나만의 속도로 평온함을 찾아보자.

10 결국제갈길을
갈테니,

늦을까봐
겁내지 말자

인생은 연이은 선택들로 이루어진다. 그러나 이에 너무 얽매일 필요는 없다. 어떤 선택을 하든 지나서 생각해보면 선택하지 않은 쪽이 더 나아 보이는 법이기 때문이다.

...

보통 남자들은 군대에서 제대하고 사회생활을 시작해 서른 다섯 살이 되기 전까지가 가장 야심만만하고 의욕 가득한 시기가 아닌가 싶다. 그런데 나에게는 그때가 인생 최대의 암흑기이자 초조함으로 점철된 시기였다.

사회에 진출하기 전만 해도 나는 미래에 대해 이런저런 상상을 하며 나름대로 장밋빛 미래를 꿈꿨다. 그러나 인생이라는 경주로에 정말 발을 들이고 나서야 깨달았다. 내가 아직 전혀 준

비되지 않았다는 것을. 뭐든 할 수 있다고 생각했지만 뭐 하나 제대로 하는 일이 없었고, 다양한 관심사를 가지고 있었지만, 시작만 요란한 채 흐지부지 끝나는 게 예사였다. 순간 열정을 불태우며 수업을 등록해놓고 도중에 그만둔다거나 일을 시작하고 얼마 지나지 않아 어딘가 나와는 맞지 않는다는 생각 혹은 내가 진짜로 하고 싶었던 일이 아니라는 생각이 자꾸만 드는 식이었다.

무엇하나 이룬 것 없이 세월을 그냥 허비하는 느낌에 나는 초조함에 짓눌렸고, 미래에 대한 알 수 없는 막막함에 허덕였다.

지금 생각해보면 당시 내가 무능하게 세월만 보냈던 건 주변 환경도, 그 누구의 탓도 아닌 온전히 내 탓이었다. 하지만 젊은 날의 나는 그렇게 생각하지 않았다. 당시 내게 하고 싶은 일이란 할 수 없는 일 혹은 할 겨를이 없는 일과 같은 말이었으며, 경제적 여유가 없어 나와 내 가족에게 조금 더 안락한 삶을 주지 못하는 나는 패배자 그 자체라고만 생각했다. 그리고 무엇보다 패배의 원인을 이 사회의 현실과 무정함 탓으로 돌렸다. 그렇게 눈 깜짝할 사이에 30대가 되자 모든 것을 원망하는 부정적인 마음가짐뿐만 아니라 시간에 쫓기고 있다는 불안감까지 나를 옥죄었다.

작가 리웨이징(李維菁, 이미 고인이 된 타이완의 여류작가이자 예술

평론가)이 썼던 글 중 당시의 내 모습과 매우 닮아 있는 대목이 있었다.

'산송장처럼 살던 어느 날 나는 내가 어느덧 중년이 되었음을 문득 깨달았다. 남들에게 있었던 청춘의 패기를 나는 가져본 적이 없었고, 동년배들이 그동안의 노력으로 얻은 성취와 가정도 내게는 없었다. 다시 말해서 사람들이 시간을 따라 축적해온 것들을 나는 아무것도 가지지 못했다. 반항적으로 살았다기에는 그다지 반항적이지 못했고, 사회의 주류 가치를 따랐다기에는 또 그리 적극적이지 않은 삶이었다.'

당시 나는 뭔가를 하고 싶어 하면서도 정작 행동은 하지 않는, 이러지도 저러지도 못하는 갈등 상태에 놓여 있었다. 적극성이 부족했고, 노력이 부족했으며, 계획도 능력도 없이 눈만 높았다. 내 맘대로 하길 꿈꾸면서도 뒷일을 감당할 배짱이 없어 그저 시간 가는 대로 덧없이 세월을 보냈다.

그러던 어느 날 시각장애와 지체장애가 있는 한 거리예술가가 역 앞 광장에서 열창하는 모습을 보게 되었다. 즐거움과 만족감이 드러난 표정이 특히 인상적이었는데, 진심으로 공연을 즐기던 그의 모습이 내게는 꽤 큰 자극을 주었다. 앞도 보지 못하고 다리도 불편한 사람이 저렇게나 열심히 살고 있는데, 사지

육신 멀쩡하고 시간도 많은 내가 뭐 때문에 남 탓만 하고, 또 무슨 근거로 자포자기하나, 하는 생각이 들었던 것 같다.

그래서 나는 그날 집으로 돌아와 내 초조함의 근원이 무엇인지 생각해보았다. 막막한 당시로선 조급하게 다음 스텝을 생각하기보다 내가 어쩌다 이 지경이 이르렀는지를 먼저 파악하는 게 우선이라는 판단에서였다. 진짜 문제가 무엇인지를 알아야 올바른 답을 찾을 수 있을 테니까. '난 정말 실패한 걸까?'라는 질문의 답을 내기 위해 한참을 생각한 끝에 나는 깨달았다. 스스로 패배자라고 생각했던 이유는 끊임없이 타인과 나를 비교하고, 내 현실에 맞지 않는 높은 기준을 세운 데서 비롯되었음을. 내가 정말 시간을 낭비했나를 따지자면 사실 꼭 그렇지만도 않았다. 내가 시도했던 일들은 결코 헛수고가 아니었다. 그로부터 파생된 경험과 과정들은 모두 이후 나의 튼튼한 기반이자 자양분이 될 터였다.

그랬다. 공연히 초조해하느니 마음을 가라앉히고 다음 방향을 생각하는 게 훨씬 나은 선택이었다.

모든 사람의 성장 환경이 다르듯 각자에게 맞는 성장 속도 역시 다르다. 나의 시작이 너무 순조로웠다면 언젠가 불시에 닥친 크나큰 좌절에 그대로 주저앉았을지도 모를 일이다. 그러나 평탄하지 않은 길을 먼저 지나오면서 나는 각자의 다름을 보았고, 내가 시작해야 할 여정의 방향을 알 수 있었다.

인생은 연이은 선택들로 이루어진다. 그러나 이에 너무 얽매일 필요는 없다. 어떤 선택을 하든 지나서 생각해보면 선택하지 않은 쪽이 더 나아 보이는 법이기 때문이다.

관점을 달리해 후회를 성장의 원동력으로, 스스로 틀렸다고 생각하는 선택을 앞날의 거울로 삼아보자. 과거의 경험들은 헛되이 사라지지 않는다. 그것은 인생의 방향을 바로잡을 소중한 기회다. 시작부터 확실한 방향을 가지고 있는 사람은 극소수일 뿐, 대다수는 걷고 또 걷기를 반복하고서야 자신의 방향을 찾아간다.

그러니 당장 무언가를 해내지 못하더라도 너무 좌절할 필요는 없다고, 분명 그 과정에서 뭔가 배우는 게 있을 거라고 스스로 주의를 환기하자. 진정한 자신감은 시간이 쌓여 만들어낸 경험을 통해서만 얻을 수 있다. 단순히 자기가 성공할 수 있다는 믿음을 가진다고 다가 아니다. 성공의 정의 또한 스스로 결정해야 한다. 맹목적으로 남들을 따라가지 않고 진심으로 현재의 삶을 즐기며 착실하게 하루하루를 살아내는 것 역시 일종의 성공이라고 할 수 있다.

물론 나는 지금도 여전히 나의 방향을 탐색 중이며 또 가끔은 '이게 맞나?', '이다음은 어쩌지?'라는 생각이 들기도 한다. 하지만 이제 더는 초조해하지 않는다. 조바심을 내봐야 마음만 더 혼란해질 뿐 아무 소용이 없음을 이제는 알기 때문이다. 그래서 당장 할 수 있는 일이 있다면 최선을 다하고, 갈 수 있는 곳까지 가보려고 한다.

인생에는 원래 어떤 공식이나 사용 설명서가 존재하지 않는다. 우리 스스로 찾아내야 할 수많은 갈림길과 다양한 풍경이 있을 뿐이다. 인생이라는 길을 걷다 보면 때로는 자신에게 맞지 않은 길이나 자신에게 허락되지 않은 길도 만나게 될 것이다. 이럴 때는 물불 가리지 않고 그저 직진하기보다 자신이 갈 수 있는 길부터 가보자. 그러면 그동안 자신이 알지 못했던 뜻밖의 인생을 만날 수 있을 것이다.

남이 뭘 잘한다고 혹은 잘 산다고 자신에게 실망하지 말자. 성과가 기대에 미치지 못한다고 해서 자신이 했던 모든 노력을 부정할 필요는 없다. 최선을 다했다면 소위 헛수고란 없다. 배우고자 하는 마음만 있으면 지금보다 더 나은 미래가 있을 것이다. 남과 속도를 비교할 필요는 없다. 마지막에 자신이 원하던 곳에 가 닿으면 그것으로 충분하다. 늦을까 봐 두려워 말고 계속 나아가자. 그러면 결국 자신이 가야 할 길을 걷게 될 테니까.

11 ▲

때로는
기다림이

더 나은 결과를
가져다준다

무슨 일이든 즉각적인 결과에 집착해서는 안 된다. 그러니 시간이 그 형편없는 사람들과 일들을 천천히 걸러내어 자신에게 진짜 필요하고 좋은 것들만 남길 수 있도록 마음속에 자신을 위한 필터를 장착해보자.

. . .

첫 책 출간 이후 두 번째 책을 내기까지 7년이 걸렸다. 7년이면 아이가 초등학교 교육을 마치고도 남는 시간이자, 금실 좋던 부부 사이에 변화가 있을 수도 있는 시간이니 결코 짧은 시간은 아니다. 이렇게 오랜 텀이 생긴 데에는 몇 가지 이유가 있었지만, 무엇보다 첫 번째 책의 판매 성적이 기대에 미치지 못해서가 컸다.

내 인생의 첫 책이었으니 당연히 내게는 의미가 남달랐고 그래서 기대가 클 수밖에 없었던 것 같다. 하지만 결과적으로 받아 든 성적표는 그리 이상적이지 않았고 나는 이에 충격을 받았으며 실망감을 느꼈다. 물론 지금은 여러 요인이 복합적으로 작용해 그런 결과가 나온 것임을 알지만 현실과 이상에 그토록 큰 차이가 있다는 사실은 나의 자신감을 뒤흔들어놓았다. 나의 글솜씨와 인기에 회의가 들기 시작한 순간이었다.

그런데 사실 인생의 많은 일이 그렇다. 노력한다고 무조건 일이 잘 풀리는 것은 아니며, 소통한다고 남들을 다 이해시킬 수 있는 것도 아니다. 내가 손을 놓았다고 그것들이 나와 상관없는 일이 되지는 않는다. 다만 남들이 뭘 어떻게 하고, 또 뭘 어떻게 생각하는지는 우리의 통제범위 밖의 일이지만 적어도 한 가지, 어떤 시각으로 그 일들을 바라볼지는 우리 스스로 결정할 수 있으며, 그 태도가 올바르다면 옳은 길로 나아갈 수 있다.

그 7년이라는 시간 동안에도 출판 제의는 있었다. 하지만 아직 책을 내기에는 적합하지 않다는 판단도 한몫했거니와 당시 나에 대한 확신이 부족했기에 에둘러 모든 제의를 거절했다. 그랬다. 그때는 내 글이 시장성이 있는지 혼란스러웠다. 하지만 그렇더라도 글쓰기는 여전히 내게 중요한 존재였다. 글이라는 매개체를 통해 사람들과 연결되고, 그들과 나의 가치관을 나누는 것은 그 자체만으로도 행복한 일이었기 때문이다. 그래서 나는 글쓰기를 멈추지 않았다. 개인 블로그에 글을 올리고 인터넷 매체에 기고하기도 하며 글쓰기를 포기하지 않았다. 그저 다시 책을 내기에 적절한 시기를 기다리고 있을 뿐이라고, 그러다 결국 기회가 오지 않더라도 상관없다고 나는 생각했다. 인터넷이라는 매개체를 통해 내 글을 좋아하는 독자들과 여전히 연결되어 있었기에 조바심을 낼 필요는 없었다. 많은 일이 시간의 흐름에 따라 서서히 풍화되고, 또 많은 일이 마음에 뿌리를 내리는데, 뿌리를 내리면 자연히 열매가 맺히게 되어 있다. 우리는 그저 할 수 있는 일을 계속해가며 기다리면 된다.

그렇게 나는 많은 사람의 도움과 재촉 그리고 독자들의 응원에 힘입어 7년 후 두 번째 책을 출판했고, 마침내 시장에서도 인정을 받아 꽤 괜찮은 판매 성적과 함께 지금까지 계속 책을 낼 기회를 얻을 수 있었다. 지나고 보니 드는 생각이지만 당시 내 글쓰기 스타일로 성급히 두 번째 책을 냈더라면 아마 또 충격을 받고 자신감을 완전히 상실하지 않았을까 싶다. 기다림은 때론 우리에게 더 알맞고, 더 좋은 결과를 가져다준다.

성장 과정에서 우리는 대개 우리가 이해할 수 있는 방향이나

받아들일 수 있는 범위를 벗어나 지나치게 일이 빨리 진행될 때 갈등에 빠진다. 이게 맞나 싶으면서도 뒤처질까 조급한 마음에 여유가 사라지는 것이다. 예상치 못한 전개는 대부분 깜짝 기쁨을 수반하지만, 사람들은 마치 여행 가방을 채 꾸리지도 않았는데 등 떠밀려 길을 떠난 것처럼 어쩔 줄 몰라 하는 경우가 다다수다. 물론 처음엔 당황하고 혼란스러울 수 있다. 그러나 조금만 시간을 두면 결국엔 자신의 마음과 보폭을 조절하여 제 갈 길을 갈 수 있다.

자신이 굴러떨어졌던 구덩이를 계속 돌아보거나 앞으로의 상황을 끊임없이 걱정하기보다는 지금의 스텝을 잘 밟아 나아가자. 신중하게 상황과 마주하며 마음을 잘 가다듬는다면 어딜 가도 늦지 않을 것이다.

인생을 살면서 시작이 곧 결과가 되는 일은 많지 않다. 어떤 일이 벌어진 건 그저 시작일 뿐이다. 이때 당장 포기하는 쪽을 선택한다면 그것이 곧 결과가 될 테지만, 침잠과 숙성의 시간을 거치는 쪽을 선택한다면 천천히 또 다른 답안을 낼 수 있을 것이다.

인생이란 원래 다양한 가능성으로 가득 차 있어 단번에 답을 내릴 수 없다. 더 많은 사람과 사건과 사물에 부딪혀가며 찬찬히 시간을 빚어나가야 한다. 이 과정에서 받은 상처는 앞으로 우리가 무엇을 조심해야 하는지를 상기시킬 테고, 또 그 사이에서 만난 몹쓸 사람들은 계속 그들과 얽혀봤자 괴로움만 더할 거라는 교훈으로 남을 것이다.

무슨 일이든 즉각적인 결과에 집착해서는 안 된다. 그러니 시간이 그 형편없는 사람들과 일들을 천천히 걸러내어 자신에게 진짜 필요하고 좋은 것들만 남길 수 있도록 마음속에 자신을 위한 필터를 장착해보자. 그리고 하루하루를 성실히 살아내며 자신이 좋아하는 일, 하고 싶은 일로 에너지를 축적해보자. 삶은 온갖 다양한 문제로 우리를 시험에 들게 할 테고, 어쩌면 순조롭게 해결하지 못하는 문제도 있을 수 있다. 하지만 결과가 좋지 못하더라도 자신을 비하해서는 안 된다. 삶이 우리에게 주는 시련들은 대개 노력하느냐 포기하느냐의 문제인데, 우리가 여기서 어떤 선택을 하든 틀린 답은 없다. 그저 선택에 따라 다른 길을 가게 될 뿐이다.

걷다가 지치면 속도를 늦추자. 가끔은 멈춰 서도 괜찮다. 휴식이란 원래 페이스를 조절하는 방식 중 하나니까 말이다. 앞으로 우리가 어떤 상황을 마주하게 될지는 미리 알 수 없지만 어떤 마음가짐으로 걸음을 걸을지는 스스로 선택할 수 있다. 서두를 필요는 없다. 인생은 걸음을 재촉해 어서 빠져나가야 할 길이

아니라 지나는 풍경을 감상하며 느긋하게 누려야 하는 길이다.

달도 차고 기욺이 있듯 사람에게도 기복이 있으니, 침체기에는 기다리는 법을 연습하고 전성기에는 겸손하게 자신을 낮출 줄 알아야 한다. 인생에서의 결핍은 이후 다양한 방식으로 채워질 것이다. 그러니 부디 지혜와 용기로 순조롭지 않은 삶의 순간을, 겸손과 신중함으로 순조로운 삶의 순간을 마주할 수 있길 바란다.

자신의
페이스대로

표범과 새는 모두 이동속도가 빠른 동물이지만 앞으로 나아가는 방식이 서로 다르며 생존 방법의 차이는 그야말로 엄청나다. 표범은 새의 방식으로 전진할 수 없고, 새 역시 표범의 삶에 적응할 수 없듯 자신에게 맞는 생존 방식을 찾는 일은 우리의 평생 과제다.

• • •

어려서부터 지금까지 부모님이나 손윗사람에게 한 번쯤은 이런 말을 들어봤을 것이다.

"너희 반 아무개는 이번 시험에서 3등을 했다던데, 어떻게 공부하는지 좀 배우렴."

"윗집의 첫째는 변호사가 됐다더라. 얼마나 좋니."

"걔는 벌써 결혼해서 귀여운 아이가 둘씩이나 있는데 넌 어떻

게 아무 소식이 없니?"

이런 식으로 남을 기준 삼아 그들을 따라가라고 채근하는 말들을 말이다. 사실 나는 초등학교 때부터 부모님이 곁에 계시지 않아 친척의 손에 자랐기에 이런 말들을 별로 들어본 적이 없다. 아마도 어른들에게는 내가 자포자기하거나 엇나가지 않고 반듯하게 사는 것만으로도 이미 감사한 일이 아니었을까 싶다.

그런데 내가 아직 어렸을 때 가깝게 지내는 친구 중 부잣집 자제들이 있었다. 그들은 사흘이 멀다고 클럽, 노래방, 카페 등을 들락이며 나의 경제적 조건으로는 그야말로 사치와 낭비가 아닐 수 없는 먹고 마시고 노는 데 씀씀이를 아끼지 않았다. 하지만 나는 그 친구들을 잃고 싶지 않았고, 그들을 부러워하면서도 무시당하고 싶지 않은 마음에 그들과의 모임에는 빠짐없이 참석했다. 다만 문제는 내겐 그렇게 많은 돈이 없다는 것이었다. 나는 신용카드를 긁고 현금서비스를 받기 시작했다. 그들과 함께하는 기분은 꽤 나쁘지 않았다. 하지만 그 뒤로는 삼시세끼 댄빵에 물만 먹어야 할 정도로 궁핍했고 거기에 카드 빚까지 산더미였다.

우리는 자신이 태어날 환경을 선택할 수는 없지만 적어도 어떤 방식으로 삶을 살아갈지는 스스로 선택할 수 있다.

그나마 다행인 건 어느 순간 이대로 계속 돈을 쓰다가는 카드

빚에 무너질 거라는 경각심이 들었다는 것이다. 이후 곰곰이 생각해본 끝에 나는 깨달았다. 나는 밤마다 유흥을 즐기는 것이 좋았던 게 아니라 내심 사람들에게 인정받고 받아들여지길 바랐음을. 자신을 부잣집 도련님들의 삶에 끼워 넣으면 그들이 될 기회가 있을지도 모른다고 생각했지만 결국은 환상이었음을. 화려하고 다채로워 보였던 그 시간 속에서 나는 공허하고 비굴한 하루하루를 보내며 조금도 행복하지 않았다. 실속 없이 겉만 번지르르한 그런 삶은 내게 어울리지 않았던 것이었다. 그때부터 나는 일부 친구와의 관계를 정리하고 나에게 맞는 생활방식을 찾기 시작했다.

살면서 타인의 생각과 기대에 자신을 비교하게 되는 상황은 피할 수 없다. 하지만 이에 영향을 받아서는 안 된다. 우리는 다른 사람이 될 수도 없거니와 자칫 자신을 잃어버릴 수 있기 때문이다.

자기 자신도 만족시키지 못하면서 타인을 만족시킬 수 있을 거라는 욕심은 버리자. 과거의 나처럼 피상적인 겉치레에 휘둘리지 말고 마음의 진정한 욕구를 잘 이해해 적당한 방법으로 조금씩 이를 채워나가야 한다.

자기 자신을 잘 대접해준다는 건 먹고 마시고 즐기는 데 많은

론을 들이는 게 아니라 진지하게 내면의 욕구와 감정을 들여다 보고 나아가 최선을 다해 그 욕구를 만족시키며, 감정을 보듬는 것이다. 다른 사람이 되려고 하거나 내게 맞지 않는 무리에 억지로 나를 끼워 넣는다고 타인에게 인정받을 수 있는 건 아니다. 나를 아끼고 좋아하는 사람들에게 내가 가진 가장 좋은 면을 드러내 보여야 한다.

사람은 누구나 자신만의 장점이 있고, 자신에게 맞는 페이스가 있다. 그리고 이는 인생의 각 단계에 따라 조금씩 조정해갈 필요가 있다. 특정 단계나 목표에 도달하면 지금 내가 지키고 싶은 것은 무엇인지, 현재에 성취감을 느끼는지, 삶이 행복한지, 지금의 자신이 마음에 드는지 등을 다시 자문하면서 말이다. 이때 부정적인 답이 더 많다면 자신이 가고 있는 방향과 속도에 대한 재정비를 시작해야 한다. 남들이 지나온 길은 그저 참고용일 뿐, 우리가 반드시 그 길을 그대로 따라가야 하는 건 아니다.

분명 우리를 향한 세간의 많은 기대가 있겠지만 어떤 경우에도 자신의 기대를 우선하며 살아야 함을, 스스로 만족해야 타인의 생각도 고려할 수 있음을 잊지 말자. 어쩌면 주변 사람들 모두가 잰걸음으로 앞을 향해 전력 질주하고 있을지도 모른다. 그러나 자신의 걸음이 빠르지 않다면 이들을 따라가봤자 피곤하기만 할 뿐이며, 좋은 결과도 얻을 수 없다. 차라리 몸과 마음이 다치지 않게 적당히 속도를 조절하는 게 낫다.

표범과 새는 모두 이동속도가 빠른 동물이지만 앞으로 나아가는 방식이 서로 다르며 생존 방법의 차이는 그야말로 엄청나다. 표범은 새의 방식으로 전진할 수 없고, 새 역시 표범의 삶에 적응할 수 없듯 자신에게 맞는 생존 방식을 찾는 일은 우리의 평생 과제다.

자신의 페이스대로 서두르지 말고 천천히 가라는 말은 그저 제자리걸음을 하라는 뜻이 아니다. 앞으로 나아가지 않음은 일종의 퇴보다. 다만 남들의 강요에 억지로 등 떠밀려 나아가는 일은 없어야 한다. 이 과정에서도 성장할 수 있을 것처럼 보이지만 물러서고 싶어도 물러설 수 없어서 부득이하게 직진해봤자 가슴 가득한 불만과 괴로움만 남을 뿐이다. 그러니 가능한 한 자신만의 방식으로 최선을 다하자. 그래야 무리하지 않고 기꺼운 마음으로 인생을 살아갈 수 있다.

우리의 체력과 정신력에는 한계가 있어서 제 몫의 일을 해내고 자신이 아끼며 사랑하는 사람들을 돌보는 것만으로도 이미 대단한 일이다. 마땅히 해야 할 일과 신경 써야 하는 사람에 집

중한 후 여력이 있다면 그때 다른 일과 사람에 힘을 쏟아도 늦지 않다. 이는 결코 이기적인 게 아니라 자신을 사랑할 줄 아는 것이다. 자신이 할 수 있는 일, 해야 할 일부터 제대로 끝내놓고 여력이 있을 때 하고 싶었지만, 잘할 수 없었던 일들을 배우는 식으로 천천히 하는 일의 양과 밀도를 높여가면 된다. 개인의 성취는 이렇게 켜켜이 쌓아가는 것이다. 당장 아무것도 이룬 게 없다는 생각이 든다면 가장 기본적인 노력을 기울인 적이 있었는지 되돌아보자.

흔히 삶은 한 편의 드라마와 같다고 하는데 인생이 드라마와 닮은 점은 바로 각자가 어떻게 바라보느냐에 따라 다를 뿐 과정과 결과에 좋고 나쁨, 옳고 그름이란 없다는 것이다. 우리에게 가장 중요하고 또 우리가 가장 따라야 할 것은 다른 사람이 왈가왈부하는 말이 아니라 자기 자신에게 떳떳한 마음이다. 절대로 자신에게는 잘살 자격이 없다며 자기를 하찮게 여기지 말자. 나는 우리 주변에 등장한 사람들과 사건들 모두 우리에게 그만한 가치가 있기에 나타난 것이라고 믿는다. 우리가 해야 할 일은 열심히 쟁취하고 최선을 다해 가진 것을 소중히 여기는 일이다. 그렇게 자신만의 페이스로 한 발짝 한 발짝 나아가다 보면 값진 성취를 이룰 것이다.

13 ▲ 루틴 하나에

커지는
만족감

삶의 만족감을 높이려면 긍정적인 마음가짐을 키우는 사고방식이 무엇보다 중요하다. 적극성을 유지하며 삶의 즐거움을 찾아내고, 매사 감사하려는 노력이 필요하다는 얘기다.

…

일상생활 이야기를 나누다 보면 자신은 매일 단조롭고 판에 박힌 생활을 하는 것 같다고 말하는 사람들이 가끔 있다. 정해진 시간에 집을 나서 매일 같은 노선의 버스나 지하철에 몸을 싣고, 거의 매일 만나는 듯한 익숙한 얼굴의 사람들과 함께 달리다 보면 어느새 목적지에 도착해 늘 가는 편의점에 들러 같은 점원에게 커피와 간단한 아침 식사를 구매한 다음 회사에 출근해 일을 시작하고, 그렇게 하루하루 반복되는 업무를 처리

하다 보면 퇴근 시간이 되어 다시 집으로 돌아온다면서 말이다.

이런 삶이 나쁘냐고 묻는다면 또 정말 나쁘지만은 않은 것 같다고 그들은 말한다. 다만 줄곧 이렇게 무미건조한 환경에 있다 보니 마음도 조금씩 메말라 앞으로 나아갈 동력을 서서히 잃게 되는 것 같단다.

한편, 어떤 이들은 꽉 찬 일정에 정신없이 바쁜 일상을 보내고 있다고 말한다. 알람이 울리는 그 순간부터 눈앞에 처리해야 할 일들이 산더미처럼 쌓여 있다면서 말이다. 예를 들면 아이의 책가방과 도시락을 챙겨 아이를 어린이집이나 학교에 데려다주고, 각기 다른 장소에서 연이어 열리는 회의장으로 달려갔다가 다시 사무실로 복귀해 온갖 잡다한 사무를 처리하기 시작하면 일 하나를 채 끝내기도 전에 전화로 새로운 업무 지시가 내려오는 식이라면서 말이다. 이뿐만 아니라 시간을 쪼개 일정 사이사이 가족 모임을 위한 식당도 예약해야 하고, 인터넷으로 떨어진 생활용품도 구매해야 하며, 퇴근해서는 다시 학교로 가서 아이를 데려와야 하고, 집에 돌아와 집안일을 마치면 오전에 미처 해결하지 못했던 급한 업무가 기다리고 있어 쉴 틈 없이 이어지는 일정에 정신이 없다고 한다. 가족들 뒤치다꺼리하랴 회사업무 처리하랴 이리저리 바삐 뛰어다니다 보면 하루를 충실하게 살아내는 것 같지만 자신도 모르는 사이에 원하던 삶을 잃고 방향 없이 바쁘기만 한 기분이란다.

그런데 단조롭고 무미건조한 삶이든 빈틈없이 바쁜 삶이든 이 모든 것이 우리의 일상이자 우리의 현실이다. 사실 우리네 삶을 들여다보면 늘 뭔가가 넘치거나 부족하지 더도 덜도 없이 딱 좋은 일도, 딱 좋은 일정도, 또 딱 적당한 인간관계도 없는 것처럼 느껴질 때가 많다. 삶에서 뭔가가 늘 부족한 것 같고, 그렇다고 딱히 큰 불만은 없지만, 썩 만족스럽지도 않은 상태랄까?

우리가 이렇게 느끼는 이유는 삶에 너무나 많은 변수와 또 너무나 많은 불가항력이 존재하기 때문인데, 이는 우리가 늘 중심을 잡고 자기 자신을 지켜야 하는 이유이기도 하다.

예전에는 이런 질문을 참 많이 받았다. 어떻게 무슨 일이 생겨도 항상 침착할 수 있냐고, 좀처럼 화를 내거나 불쾌한 감정을 얼굴에 드러내는 걸 본 적이 없는 것 같다고 말이다. 솔직히 그때는 나도 답을 몰라서 아마도 성격 때문인 것 같다고 얼버무리곤 했다. 그런데 지금 생각해보면 성격도 성격이지만 살면서 길들인 습관과 사고방식이 나를 조금 더 편안하고, 만족할 줄 아는 사람처럼 보이게 만들어준 것 같다.

일부 심리학 연구에서는 삶의 만족감을 높이려면 긍정적인 마음가짐을 키우는 사고방식이 무엇보다 중요하다고 지적한

다. 적극성을 유지하며 삶의 즐거움을 찾아내고, 매사 감사하려는 노력이 필요하다는 얘기다. 실제로 나는 이러한 노력이 자기만족감을 높이는 데 꽤 큰 도움이 되었다.

내가 시도한 방법은 간단하다. 먼저 내 안의 적극성을 끄집어내는 일 혹은 내가 생각하기에 긍정적인 일이나 즐거운 일, 건강하고 편안한 느낌이 드는 일을 찾아 이를 꾸준히 해나갔는데, 나는 이를 '자기만족을 위한 루틴 만들기'라고 부른다.

내 인생을 바꿔놓은 첫 번째 루틴은 독서였다. 솔직히 말하면 나는 어려서부터 책을 좋아하는 사람은 아니었다. 외도(外島, 타이완 본섬 이외의 섬을 지칭하는 말로 진먼(金門), 마주(馬祖) 등을 포함한다)에서 군생활하던 당시 무료함을 달래고자 책을 집어 들었고, 그렇게 시작한 시간 때우기용 독서에서 의외의 재미를 찾아 습관이 된 경우다. 내 독서 습관의 시작은 소설이었다. 소설을 통해 읽는 재미를 알게 된 후 천천히 장르를 넓혀가며 다양한 책을 섭렵하기 시작했는데, 그 과정에서 전에는 몰랐던 지식과 깨달음을 얻었으며 정신적인 만족감도 느낄 수 있었다. 그래서 나는 지금까지도 이 습관을 유지하여 아무리 바빠도 하루 최소 10~15분 정도는 반드시 책을 읽는다. 이것이 내 나름의 루틴이 된 셈이다.

독서 습관 덕분에 글쓰기도 시작했는데, 글쓰기는 내게 문제를 발견하고, 문제를 생각하고, 스스로 깨우치며, 나아가 자기 자신을 치유하는 일이 되었다. 이는 비단 나뿐만 아니라 글을 쓰는 모두가 느낄 수 있는 글쓰기의 순기능이기에 모두에게 글쓰기를 추천하고 싶다.

이에 아마 어떤 이들은 직업이 작가도 아닌데 왜 글을 써야 하느냐고 생각할 수도 있다. 그렇다면 글쓰기가 아니라 일기 쓰기는 어떨까? 유명인 중에는 꼭 작가가 아니더라도 꾸준히 일기 쓰는 습관을 들인 사람이 적지 않다. 일기 쓰기는 남에게 보여주기 위해서가 아니라 스스로 생각과 마음을 정리하는 데 도움을 받기 위한 수단이다. 다만 일기를 쓸 때는 단순한 사건의 나열이나 기록에 그치지 않고, 당시의 기분과 그날 겪었던 일에 관한 생각 그리고 그 일을 경험함으로써 얻은 깨달음 등을 적어야 한다. 그래야 거기서 교훈을 얻고 변화할 수 있으며 나아가 자기 만족감을 얻을 수 있다.

글을 쓰든 일기를 쓰든 중요한 건 글자 수가 아니라 지속성이다. 자수가 많지 않더라도 꾸준히 써나가다 보면 조금씩 자기 자신을 이해하게 되고, 생각의 갈피 또한 더 분명해져 그 차이가 크든 작든 현재의 삶과는 다른 생활을 할 수 있을 것이다.

나의 일상 루틴의 시작은 독서였고, 이후 글쓰기와 운동이 더

해졌다.

학창 시절 나는 야구, 피구, 농구, 육상 할 것 없이 반 대표로 활약할 만큼 운동의 명수였다. 중학교 때는 학교 농구팀 선수로 선발되어 학교 대항 농구대회에 나갈 정도였다. 하지만 사회인이 된 후로는 바쁜 업무에 치여 운동을 완전히 포기했었다. 시간이 없다는 핑계로 말이다. 그러다 몇 년 전 과학기술 분야의 어느 성공 인사를 인터뷰한 기사를 보게 되었다. 그는 매일 아무리 못해도 팔굽혀펴기 한 번은 꼭 한다고 말했다. 이에 기자가 왜 한 번이냐며, 한 번을 해서 무슨 의미가 있느냐고 묻자 그는 이렇게 답했다.

"그러면 시간이 없어서 운동을 못 한다는 핑계를 댈 수가 없거든요. 생각해보세요. 아무리 시간이 없어도 팔굽혀펴기 한 번쯤 할 시간이 없겠습니까?"

따지고 보면 세상의 모든 일이 이렇다. 조금씩 조금씩 익숙해져야 습관이 될 수 있다.

이 기사를 접한 후 나도 더는 운동할 시간이 없다는 핑계를 댈 수가 없어 적어도 5분은 매일 운동을 한다. 운동은 신체 건강뿐만 아니라 자신을 잘 돌보고 있다는 긍정적인 생각과 무언가를 완수했다는 만족감을 가져다주었다.

그래서 얼마 전 나는 나의 일상에 '명상'이라는 루틴 하나를 더하기 시작했다.

매일 아침, 기상 후 시작하는 나의 루틴은 이렇다. 명상하고, 글을 쓴 다음 운동을 한다. 그리고 일상생활 중 시간이 날 때마다 틈틈이 책을 읽는다. 침대 머리맡에도 책이 놓여 있고, 가방에는 늘 전자책이 들어 있으며, 거실에도 책을 두어 언제든 책을 읽을 수 있도록 하고 있다.

갓 명상을 시작했을 때는 5분의 시간을 설정해뒀는데, 이후 조금씩 시간을 늘려 지금은 15분씩 명상 중이며 앞으로 하루 30분 명상을 목표로 하고 있다. 명상의 이점은 인터넷상에 참고할 만한 자료가 많이 있으니, 관심이 있다면 직접 찾아보길 추천한다. 어쨌든 현재 나에게 명상은 뇌에 충분한 휴식을 주는 일이다. 뇌에 적당한 휴식을 주니 자연스레 두뇌 회전이 빨라지고 집중력과 정서적 안정이 생겨 조금씩 마음도 넉넉해지고 있다.

자신의 삶에 대해 행복감과 만족감이 덜하다고 느껴진다면 앞서 언급한 내용을 참고하여 자신 안의 적극성을 끄집어내는 일 혹은 자신이 생각하기에 긍정적인 일이나 즐거운 일, 건강하고 편안한 느낌이 드는 일을 찾아 이를 꾸준히 시도하길 추천한다. 꼭 내가 한 대로 똑같이 따라 할 필요는 없다. 자전거를 타거나 산책하거나 아니면 자신을 위해 정성스레 커피 한 잔을

너려주는 시간을 가져도 좋다. 자신을 원망하고 한탄하기보다
는 삶을 바꿔보자. 삶이 달라지면 그에 따라 마음가짐도 달라진
다. 일상에 루틴 하나를 더하면 만족감이 커진다.

<u>**14**</u>
▲

바쁠수록

마음
가다듬기

사람마다 '일을 잘한다'에 대한 정의가 다르고, 일을 처리하는 방법 또한 다르다. 그런 까닭에 자신의 기준으로 타인을 재단할 필요도 다른 사람의 방법을 무조건 따라갈 필요도 없다.

...

요즘 사회는 더 빠르게 편리하게 다원화하고 있다. 여기에 최근에는 'N잡러'가 등장하여 개인의 자아실현을 위해 본업과 가사 외에도 여러 가지 일을 동시에 해내는 게 하나의 추세로 자리 잡고 있다. 다양한 경험을 통해 삶을 알차고 의미 있게 보내고자 하는 것은 확실히 좋은 생각이다. 하지만 각기 다른 여러 일을 해내야 하는 만큼 기억해야 할 세부 사항이 늘어나는 까닭에 자칫 부산함과 초조함의 늪에 빠질 수도 있음을 명심해야

한다.

 실제로 어떤 이들은 너무 빠른 생활 리듬과 동시에 처리해야 할 일들로 말미암아 할 일을 제대로 해내지 못한다. 혹은 제대로 끝내지 못했다는 좌절감에 시달리며, 아직도 해야 할 일들이 꼬리를 물고 있다는 부담감에 불안과 초조함을 느끼기도 한다. 바빠서 정신이 없다는 생각이 불쑥불쑥 든다거나 쉽게 짜증이 밀려온다면 먼저 심호흡으로 숨을 고르고 마음을 가다듬어보자. 이럴 때는 잠시 짬을 내어 현재 자신이 '실질적인 바쁨' 상태인지 아니면 '심리적인 바쁨' 상태인지를 생각해볼 필요가 있다. 자신의 현재 상태를 파악해야 그에 맞는 효과적인 방법으로 문제를 해결할 수 있기 때문이다.

 곰곰이 생각해본 결과 자신의 눈앞에 놓인 일이 너무 많다거나 일정이 너무 빡빡해 스스로 감당할 수 있는 범위를 넘어섰다고 여겨진다면 혹은 해결할 힘이 없다고 판단된다면 업무와 일정을 조정해야 한다. 함부로 자신을 하찮게 여겨서도 안 되지만 그렇다고 주제 파악을 하지 못하는 건 금물이다. 애초에 할 수 없는 일이나 일정 안에 끝낼 수 없는 일에 호기를 부려봐야 자신은 물론이고 남들까지 피곤하게 만들 수 있다.

 그러니 일이 정말 많고, 또 어렵다면 체면을 차리지 말고 지

체 없이 다른 사람에게 도움을 청하거나 스스로 일정을 조율해
보자. 어쩌면 이 과정에서 미안한 마음이 들지도 모른다. 그러
나 제때 일을 처리하지 않아 결국 더 큰 문제가 생긴 후에는 미
안하다는 말도 아무런 소용이 없게 된다.

생각하고 일해야 효율이 생기고 진정한 가치도 생기는 법이
다. 생각을 거치지 않고 하는 일은 그저 단순노동이자 헛수고일
뿐이다.

한편 자신의 분주함이 심리적인 요인에서 기인했다는 판단
이 든다면, 예를 들어 처리해야 할 일이 너무 많은 상황에 '이것
도 해야 하는데 저것도 아직 못 끝냈잖아', '이 일도 못 끝냈는
데, 이따 다른 일정은 어떻게 하지'라는 생각에 줄곧 쫓기는 마
음이 든다면 마음을 가다듬는 게 먼저다. 사실 단순히 메일을
보내거나 전화 통화를 하는 것만으로도 처리할 수 있는 문제가
있고, 다른 사람에게 맡겨 쉽게 해결 가능한 문제도 있다. 그러
나 마음이 분주하면 일을 제대로 안배하지 못해 바쁨과 짜증의
굴레에 갇히게 된다.

그러니 바쁠수록 마음을 가다듬어 눈앞에 놓인 일에 집중해
야 한다.

처리해야 할 일들이 생기면 먼저 어떤 일인지를 살피고 어떻
게 처리해야 하는지를 생각해 시간을 분배해보자. 그런 다음 잠

시 다른 일에 대한 걱정은 접어두고 자신의 페이스대로 온전히 정신을 집중하여 눈앞의 일을 끝내는 것이다. 이렇게 정신을 집중하면 자연스레 자신이 가진 최고의 능력을 발휘할 수 있는데, 이것이야말로 시간을 낭비하지 않고 효율적으로 마음 편히 일을 처리하는 태도라고 할 수 있다.

살면서 마주하게 되는 성가신 사람이나 일에 대해서도 내려놓을 줄 알아야 한다. 이는 우리의 성격이 좋아서 혹은 교양이 있어서가 아니라 그저 단순히 혼란함 속에 자신의 인생을 낭비하지 않기 위함이다.

혹시 평소에 자주 불쾌함이나 짜증을 느끼지는 않는가? 일이 뜻대로 풀리지 않으면 기분이 나쁘고, 남들에게 이러쿵저러쿵 소리를 듣는 것도 불쾌하고 말이다. 이처럼 여의치 않은 상황으르 말미암은 온갖 부정적인 감정을 방치해 이것이 켜켜이 쌓이게 되면 짜증 나고 우울한 심리 상태에 놓이게 된다. 지금까지 자신이 느꼈던 불쾌한 감정을 되돌아보면 아마 전부 이런 식이었을 것이다. '내가 생각했던 거랑 다르네', '어떻게 이럴 수가 있어', '어떻게 이런 말을 할 수 있어', '저 사람이 내 페이스를 망쳐놨어' 등등.

살면서 도무지 동의할 수 없거나 어처구니없는 생각을 하는 사람을 많이 만날 것이다. 대체 무슨 근거로 그런 판단을 하는지, 어떻게 그런 논리가 형성됐는지 이해가 되지 않아 그의 방법이나 평가를 듣고 있노라면 분명 절로 눈을 흘기게 될 것이다. 그러나 사람에게는 저마다의 성격과 가치관이 있고, 내가 싫어한다고 해서 그것이 꼭 나쁜 것이라고 할 수는 없다. 사람마다 '일을 잘한다'에 대한 정의가 다르고, 일을 처리하는 방법 또한 다르다. 그런 까닭에 자신의 기준으로 타인을 재단할 필요도, 다른 사람의 방법을 무조건 따라갈 필요도 없다.

다른 사람이 뭔가 실수를 저지르거나 일을 그르쳤다면 그와의 소통을 통해 조언을 건네보자. 상대가 내 말을 듣고 말고, 이해하고 말고에 대해서는 너무 신경 쓸 필요가 없다. 자신이 표현하고자 한 생각을 전달한 이상 마음에 거리낌이 없다면 그것으로 됐다. 타인의 다름을 이해하고 포용할 수 있게 되면 사람에게 얽매여 끌려다닌다 느꼈던 생각들이 사라지고 자신도 타인에게 관대해질 수 있다는 자기 긍정이 생긴다.

빠르게 가고자 한다면 먼저 걸음을 늦춰보자. 살면서 항상 빠른 것만 추구할 수는 없다. 적절한 때에 속도를 늦춰줘야 할 필요도 있다. 나에게 맞는 속도로 나아가야 무사히 목표에 도달할 수 있다.

　매일같이 주어지는 일을 여유롭게 처리하지 못해서 혹은 타인과 나의 차이를 받아들일 수 없어서 초조한 마음에 자신을 정신없이 바쁜 생활로 몰아넣고 있다면 아무리 'N잡'을 소화하며 꽉 찬 하루를 보내도 그 안에서 행복과 만족감을 얻기란 어려운 일이다.

15 ▲

"천천히"
라고

말해보자

보잘것없는 자신을 받아들인다고 해서 될 대로 되라는 마음으로 노력을 기울이지 않아도 되는 건 절대 아니다. 어쭙잖게 높게만 잡았던 과거의 목표와 욕심을 버리고, 새롭게 시작한다는 마음으로 현실적이고 안정적인 목표를 세워 자신을 재정비해야 한다.

...

한 남성이 아이를 학교에 데려다주는 길, 그는 차에서 내려 학교 정문까지 아이의 손을 잡고 걸으며 줄곧 이렇게 다그쳤다. "서둘러야 하니까 조금만 빨리 걷자!"

아마 한 번쯤 이런 장면을 목격했거나 어린 시절 직접 경험한 적이 있을 것이다.

요즘은 빨라진 생활 리듬만큼이나 다들 은연중에 뭐든 서두

르지 않으면 안 된다는 걸 배우는 시대이니 말이다. 그러면 마치 모든 일을 효율적으로 해낼 수 있기라도 한 듯 말이다.

예전에는 나도 쉽게 안달을 내는 사람이었다. 나와 비슷한 연배의 사람들이 벌써 차를 사고, 집을 소유하고, 심지어 창업하는 모습을 보며 마음 가득 부러움과 함께 여전히 속력을 내지 못하고 소걸음 걷듯 느릿느릿 앞으로 나아가고 있는 내 모습에 참을 수 없는 씁쓸함을 느꼈었다. 그 시절의 내가 했던 가장 어리석은 짓은 타인의 성공을 자극제 삼아 동기를 부여했다는 것이었다. 실은 이것이 남의 페이스를 기준 삼아 아직 삶의 안정을 찾지 못한 자신을 벌주는 일인 줄도 모르고. 물론 이런 방법은 도움 되기는커녕 오히려 걱정만 키우는 결과를 가져왔고, 이로 말미암아 잘못된 결정을 내린 나는 더 먼 길을 돌아가야 했다.

강도 높게 그리고 쉴 틈 없이 빠르게 돌아가는 일상 속에 있다 보면 더 많은 성과를 얻고, 더 많은 목표를 이룰 수 있을 것 같았지만 몸과 마음은 더 불안하고 초조했으며 그런 나날을 보내는 건 결코 행복하다고 할 수 없었다.

지나치게 힘을 써서 생활방식을 빠르게 전환하려고 하면 자신과 타인에게 무리한 요구를 하게 되는데, 이러한 상태에서는 마음만 심란해져 더욱 충동적으로 변하게 된다. 그러다 결국 방향을 잃고 그저 다른 사람의 발자취를 따라가며 조금씩 자신감을 잃게 되는 것이다. 용을 쓸수록 결과적으로 받게 되는 반작용력도 강해져 그만큼 큰 타격을 입게 됨은 물론이다.

적당히 긴장을 조이고 풀고를 반복하며 삶의 균형을 찾는 것, 이것이야말로 자신을 성장시킬 수 있는 최고의 방법이다. 속도를 늦춰야 할 때는 확실히 늦춰주고, 속도를 내야 할 때는 다시 열심히 질주해야 한다. 공부든 일이든 그 강도와 속도가 사람이 적응할 수 있는 한계를 넘어서면 역효과만 생길 뿐이다.

괜한 선입견에 그게 어디 말처럼 쉽겠냐며 지레 겁을 먹진 말자. 사실 생각처럼 그리 어렵지만도 않다. 사람과 사물과 일을 대하는 마음가짐을 조금만 달리해 다른 곳에 관심을 가지려 노력하면 된다. 주변 사람이 뭘 했는지 신경 쓰지 말고, 스스로 뭔가를 달성해야 한다고 닦달하지도 말며, 그저 자신에게 집중해 결과가 아닌 삶의 과정에 신경을 쓰고, 일의 다양한 면을 찾아내는 연습을 하는 것이다. 턱도 없는 목표를 추구하느라 힘 빼지 말고 심신의 안정을 우선한 다음 천천히 성장하면 된다.

살다 보면 어쩔 수 없이 생기는 아쉬움이 너무나 많다. 그렇기에 우리는 우리의 능력이 닿는 대로 양심에 부끄러움 없이 살면 그것으로 충분하다. 자기 자신조차 마음속 감정을 살피려

하지 않는다면 또 누가 나를 이해해주고 또 너그러이 나를 품어주겠는가?

나는 여기저기 좌충우돌하며 우여곡절을 겪은 끝에야 비로소 '천천히' 해도 된다는 걸, 서두르다 오히려 일을 그르칠 수 있다는 걸 깨달았다. 이를 알기까지는 참 쉽지 않았다. 세상엔 내가 할 수 없는 일도, 따라잡을 수 없는 사람도 많다는 걸 확실하게 인식해야 했기 때문이다. 이는 유능한 사람에게 무릎을 꿇고, 내가 처한 상황에 굴복하며, 생각처럼 그리 대단하지 않은 자신을 받아들이는 일이었다. 하지만 아직 보잘것없는 자신을 받아들인다고 해서 될 대로 되라는 마음으로 노력을 기울이지 않아도 되는 건 절대 아니었다. 어쭙잖게 높게만 잡았던 과거의 목표와 욕심을 버리고, 새롭게 시작한다는 마음으로 현실적이고 안정적인 목표를 세워 자신을 재정비해야 했다. 더는 맹목적인 목표가 아니라 자신이 진짜로 원하는 것에 주의를 기울이고, 조급한 마음에 미지를 향해 돌진할 것이 아니라 느려도 신중하게 앞날을 탐구하는 방법을 배워야 했다.

이러한 과정은 나 자신과의 화해와도 같았다. 일단 모든 것을 내려놓고 정말로 내게 맞는 것들을 하나하나 천천히 다시 주워 담으며 조금씩 나를 채워 완성해가는 것!

나이가 들어가면서 제대로 삶을 살아내는 것만큼 다행스러운 일은 없다는 걸 깨닫는다. 매일 감사할 만한 일들이 벌어지고, 배울 만한 일들이 생기며, 귀찮고 성가신 일들 또한 여전하지만, 이 세상이 돌아가는 패턴을 받아들이고 나니 가끔의 기복은 그저 일상으로 가볍게 받아들일 수 있게 되었다. 그저 천천히 착실하게 걸으면 된다. 아무리 좋은 일도, 또 아무리 나쁜 일도 다 지나가게 마련이며 어쨌든 미래는 다가온다.

물론 다른 사람이 가진 것을 부러워할 수는 있다. 그러나 이를 질투하며 가지지 못한 자신을 닦달하고 안달할 필요는 없다. 자신의 목표에 집중해 한 걸음 한 걸음 나아가다 보면 언젠가는 원하는 것을 손에 쥔 자신을 발견하게 될 것이다. 그런데도 가질 수 없는 것이 있다면 이는 내 것이 아니라는 뜻이다. 그보다 더 자신에게 맞고, 추구할 만한 가치가 있는 것이 따로 있을 것이다. 우리가 할 수 있는 일은 많으니 소위 대세에 휩쓸려 그 뒤를 쫓기에 급급해하기보다 당장 내가 할 수 있는 일부터 잘 끝내놓고 자신의 진짜 바람을 이해해 그 방향으로 발을 내디며 보자. 한결같음과 겸손함을 유지하며 그렇게 걸어가다 보면 아무리 늦어도 언젠가는 자신의 목표에 가 닿을 테니 조바심을 낼 이유는 어디에도 없다.

성장은 흔들림 없이 지속적이어야 하는 과정으로, 목표에 도

달하려면 시간과 노력을 쏟아야 한다. 걸음마를 배우는 것에서부터 자신과 주변을 탐색하고, 발견하고, 다시 목표를 향해 출발하고 도착하기까지 사람마다 모두 그 속도가 제각각이다. 좀 더 빠른 사람이 있는가 하면 느린 사람도 있다. 그러나 속도가 어떻든 모두 순서에 따라 점진적으로 나아가야 하며, 특히 귀한 것을 얻고자 할수록 켜켜이 쌓인 시간과 담금질이 필요하다.

느리다고 소극적인 건 아니다. 게으르거나 어영부영 인생을 사는 것도 아니다. 천천히 가는 것은 온건하고 착실한 삶의 태도다. 그러니 확실한 한 걸음 한 걸음으로 장도에 오르기 위해 잠시 걸음을 늦추고 몸과 마음과 앞으로 나아갈 전략을 조정해보자. 시간을 갖는 일은 자신을 이해하고 자기를 살뜰히 챙겨 가장 나다운 모습으로 인생의 도전에 대처하는 방법이다.

하루는 집으로 돌아가는 길에 이웃집 아주머니가 아이의 손을 잡고 계단을 오르는 모습을 보았다. 이제 갓 걸음마를 배운 아이가 본인 키의 절반만 한 높이의 계단을 오르려니 힘겨울 법도 한데, 귀여운 아이의 얼굴엔 환한 웃음이 가득했다. 한 걸음 한 걸음 열심히 계단을 오르는 아이에게 아이 엄마는 연신 따뜻한 응원을 보냈다.

"천천히, 대단하네! 자, 하나 더 올라갈까?"

어쩌면 우리는 아이에게만이 아니라 스스로에게도 '천천히'라고 말하는 법을 배워야 할지도 모르겠다.

16 ▲ 여유있는 태도가

승자를 만든다

열심히 일하되 더는 자신의 시간을 희생하는 것을 당연하게 여기지 말자. 삶의 질과 심신의 건강을 유지한다는 전제하에 더 효율적인 방법을 찾아 활용할 줄 알아야 한다.

. . .

사람들은 생각한다. '열심히 돈을 벌어야 자유를 얻을 수 있는 거야. 경제적으로 여유가 생기면 시간을 포함한 삶의 다양한 자유를 누릴 수 있어'라고. 확실히 경제력이 어느 정도 뒷받침되어야 일정 수준의 삶의 질을 유지할 수 있는 건 맞다. 하지만 우리 주변에는 정신없이 바쁜 하루하루를 보내며 열심히 일하면서도 삶의 질을 높이기는커녕 자유를 잃어버리는 사람들이 허다하다.

이 글을 읽고 있는 당신도 늘 시간에 쫓기며 정신없는 삶을 살고 있다면, 그래서 항상 피곤하고 힘들다는 생각이 든다면 생각을 바꿔봐야 할 때인지도 모른다. '진짜 하고 싶은 일을 찾자. 내게 맞는 페이스로 인생을 온전히 누릴 수 있는 시간을 내어주고, 나에게 진짜 중요한 사람들과 시간을 보내자'라고 말이다. 이에 어떤 이들은 돈을 벌면서 인생을 즐기는 여유까지 있기가 어디 그리 쉬운 일이냐며 지나치게 이상적인 생각이라고 말할지도 모른다. 그러나 나는 경제적인 형편이 정말로 어려워서 매일 다음 날의 끼니를 걱정해야 하는 정도가 아니라면 달라지겠다는 마음을 먹는 것만으로도 얼마든지 삶을 변화시킬 기회는 있다고 믿는다.

아무리 생각해도 못할 것 같다는 생각이 든다면 스스로 자문해보자.

'그동안 나는 내가 할 수 있는 일, 하고 싶은 일이 무엇인지를 진지하게 고민해 그에 대한 계획을 세우고 실제 행동으로 옮겨본 적이 있던가?'

'내 앞에 놓인 일들을 어떤 기준으로 취사선택할 것인지, 어떻게 하면 일의 효율을 높여 나에게 더 많은 시간을 내어줄 수 있을지 고심한 적은?'

'내게 진짜로 필요한 것과 실제 사용 가능한 지출 범위를 계

산해 앞으로의 재무계획을 세워본 적이 있던가?'

이 중 그 무엇도 해본 적이 없다면 지금이라도 고민해보길 바 탄다. 그러면 바쁘게 뛰어다니던 자신의 삶도 달라질 수 있다는 걸 깨닫게 될 테니까.

사실 사람들 대부분은 타인의 성공 방식에 관심을 두고 이를 배우는 데 익숙하다. 어떤 방법이 자신에게 더 잘 맞고, 자신을 더 좋은 방향으로 이끌어줄지에 집중하는 사람은 매우 소수에 불과하다. 어떤 이들은 그저 죽을힘을 다해 노력할 뿐 노력의 방향을 제대로 보지 못하기도 한다. 그들은 모두의 목표를 향해 나아갈 뿐 자신에게 더 알맞은 선택지가 있는지를 고려하지 않 는다. 결국 마지막 순간에 이르러서야 비로소 깨닫곤 한다. 자 신이 악착같이 앞으로 나아갔던 길은 성공의 지름길이 아니었 음을. 자신은 그저 자신의 자유와 건강과 가족과의 시간을 그렇 게 한 번 또 한 번 허비하고 있었음을 말이다.

그렇다면 천천히 걸어서는 다른 사람을 따라갈 수 없는 걸 까? 왜 꼭 남들의 속도와 방향을 따라가야만 하는 걸까? 모두 가 달려가는 길은 붐비게 마련이다. 자신에게 익숙한 속도로 자 신이 가고 싶은 길을 걷는다면 남들과 다를지언정 좀 더 편하 게 오래 걸을 수 있다.

나는 이 글을 읽는 당신이 더는 일이 제일이라거나 돈을 버는 게 우선이라는 생각의 프레임에 갇혀 삶다운 삶과 건강을 희생하지 않길 바란다. 본인의 건강과 잠잘 시간과 자유 시간을 포기하지 않아도 되는 다른 선택지는 분명히 존재한다. 그러니 생각을 전환해 건강을 제일로 두거나 효율을 우선해보자. 열심히 일하되 더는 자신의 시간을 희생하는 것을 당연하게 여기지 말자. 삶의 질과 심신의 건강을 유지한다는 전제하에 더 효율적인 방법을 찾아 활용할 줄 알아야 한다. 마음가짐을 달리해 올바른 방법과 약간의 창의력을 동원한다면 양자택일이라는 함정에 빠지지 않고 가정과 일을 동시에 돌보며 균형을 찾을 수 있다.

그렇다고 너무 어렵게 생각할 필요는 없다. 예를 들어 많은 사람이 추천하는 '포모도로 기법' 역시 일의 효율을 높이는 동시에 스트레스를 줄이는 좋은 방법이다. 이는 타이머를 활용하여 25분간 현재 진행 중인 일에 온전히 집중한 다음 5분간 휴식을 취하는 방식으로 일을 끝낼 때까지 '25분 집중, 5분 휴식'을 반복하는 것이다.

그 외에 개인적으로 일의 효율을 높일 수 있다고 생각하는 업무 처리 방법을 간단히 소개해보자면 '자신이 생각하기에 가장 효율이 좋은 시간을 활용'해보는 것도 한 방법이다. 사실 우리가 매일 업무를 처리하는 데 온전히 집중할 수 있는 시간은 일

반적으로 4시간이 채 되지 않는다. 그중에서도 머리가 가장 맑고 회전이 빠르며 정확한 사고를 할 수 있는 시간은 아마 2시간 정도밖에 되지 않을 것이다. 그래서 나는 집중이나 생각이 필요한 일 혹은 난도가 높은 일, 중요한 일 등을 이 시간대에 안배해 처리하는 편인데 이렇게 하면 상대적으로 성과를 내기가 수월하다.

본격적으로 일을 시작하기 전에 할 일을 분류하는 습관이 생긴 것도 이 때문이다. 분류방식이야 사람마다 각자 다를 수 있겠지만 나의 경우에는 '중요한 것'과 '중요하지 않은 것'을 먼저 구분한다. 그리고 당연히 중요한 일을 먼저 처리하기 위해 이를 다시 '긴급한 일'과 '일상적인 일', '일시적인 일'로 나누어 급한 일부터 끝낸다. 그런 다음 일상적인 일들을 해결하고 비는 시간에 일시적인 일을 끼워 넣는다.

우리가 열심히 일하고 힘들게 돈을 버는 이유는 잘 살기 위해서다. 그렇기에 자신의 인생과 커리어를 고려할 때는 '잘 사는 삶'을 우선순위에 두어야 마땅하다. 사실 인생을 잘 살아가는 데는 그렇게 많은 돈과 물질적인 것들이 필요하지 않다. 진짜로 능력이 있는 사람은 일과 삶을 모두 고려하여 삶의 질을 높이는 데 집중하며, 건강하고 균형 잡힌 생활을 통해 더 나은 업무 효율과 성취감을 만들어낸다.

사람들이 말하는 '성공'은 사회적 개념의 하나일 뿐으로 이를 너무 중요하게 여길 필요는 없다. 자신의 성공은 자기 스스로 정의할 수 있다. 내가 좋아하는 일을 할 수 있고 이를 통해 만족감을 얻을 수 있다면 그것이 바로 성공한 삶이다. 인생을 살다 보면 내가 어찌할 수 없는 일이 너무나 많다. 그러니 스스로 결정을 내릴 수 있을 땐 최대한 자신의 마음에 충실해야 한다.

내게는 나만의 원칙이 하나 있다. 바로 일에 쫓겨 허둥지둥 사는 삶이 되지 않도록 노력하자는 것이다. 일을 해서 돈을 버는 것도 중요하지만 나의 일상과 건강 또한 그만큼, 아니 더 중요하기 때문이다. 몸과 마음에 문제가 생기면 일에도 악영향을 미칠 수밖에 없다. 그러나 이와 반대로 몸과 마음의 컨디션이 좋으면 일에서도 자연스레 좋은 성과를 낼 수 있다. 일할 때 여유를 잃지 않고 타인에게 너그러워야 하는 이유는 좋은 컨디션을 유지하기 위함이다. 가능한 한 자신에게 맞는 방법으로 일을 처리하고, 따라잡을 수 없는 일은 애써 무리하지 않으며, 짊어질 수 없는 짐은 내려놓고, 눈에 거슬리는 것은 멀리하자. 살다 보면 일도 사람도 내 맘 같지 않은 순간이 너무나 많다. 그럴 때마다 화를 내고 괴로워하며 시간을 보내느니 차라리 맛있는 밥한 끼를 먹는다거나 잠을 푹 자는 게 낫다. 그러면 다음 날 다시

이후의 도전을 마주할 체력과 정신력이 생긴다.

똑똑한 사람은 자신을 아낄 줄 안다. 그들은 세상의 속도를 따라가려고 서두르지 않는다. 가끔은 쉼을 위해 이 세상과 약간의 거리를 두는 것도 필요하다. 노력하는 삶이란 그저 열심히 일해 돈을 버는 게 다가 아니다. 열심히 일한 만큼 열심히 쉬고 충전도 해야 한다. 아무리 눈부신 화려함도 언젠가는 평범해지게 마련이다. 나는 여유를 갖는 것이야말로 인생의 승리자가 될 수 있는 삶의 태도라고 믿는다.

함부로 남에게 상처 줘서는 안 되지만,
형편없는 이들에게 내가 결코 만만한 사람이 아님을 알려주려면
반드시 자신만의 가시를 지니고 있어야 한다.
그래야 나 자신을 지키고 나아가 남들에게
상처받는 일을 줄일 수 있다.

PART 3

양처럼 순한 본성의 따스함

<u>17</u> 팀을
완성하는

양

물론 한 마리의 뛰어난 늑대가 되어도 좋다. 그러나 이와 함께 무리와 조화롭게 공존하는 법도 배워야 한다. 싸울 생각만 하면 왕이 될 기회가 생길지도 모르지만, 무리에서 고립되어 추방당할 수 있다.

. . .

최근 몇 년 사이 부쩍 '늑대의 특성'을 칭찬하는 말이 많이 들린다. 늑대의 적극적이고, 추진력이 있으며 공격적인 면을 장점으로 들면서 겸사겸사 요즘 젊은이들은 나약하고, 고생을 견디려 하지 않으며, 소소하고 확실한 행복만을 추구하는 경향이 있다는 비판을 곁들인다. 그리고 마지막에는 꼭 웃으며 이렇게 말한다.

"이래서야 양처럼 늑대에게 잡아먹히기를 기다리기밖에 더 하겠습니까."

양은 무리와 잘 어울리는 온순한 동물로 이끌기와 몰이하기가 쉬운 편이다. 그런 까닭에 이러한 '양의 특성'은 늑대와 상대적으로 미온적이고 순종적이며 주견과 야망이 없음을 비유하는 데 자주 사용된다. 하지만 나는 양의 특성이 이렇게 형편없지도 않거니와 늑대의 특성을 가진 사람은 우수하고 양의 특성을 가진 사람은 엉망진창이라는 식의 폭력적인 이분법으로 사람들을 대해서는 안 된다고 생각한다.

사실 늑대의 특성이든 양의 특성이든 이 사회를 앞으로 나아가게 하는 데 없어서는 안 될 다양성의 하나일 뿐이다. 사람들은 흔히 '외로운 늑대'라는 말을 잘하는데 늑대는 대부분 무리 생활을 하는 동물로 우리가 생각하는 것처럼 그렇게 단독행동을 즐기지 않는다. 그들은 혼자 먹이 사냥을 나서는 것보다 단체행동을 하는 게 훨씬 수월하고 효율적인 방법임을 잘 알고 있기 때문이다. 그런데 이는 직장에서도 마찬가지다. 혼자서 할 수 있는 일도 물론 있지만, 대부분은 협업이 필요한 일이라 누군가의 협조가 있어야 더 빨리, 더 좋은 결과를 낼 수 있다.

야망이 있고, 추진력이 있고, 자신의 능력 발휘를 중시하며,

기성 체제와 규칙에 도전하려는 의지는 물론 매우 귀하고 적극인 태도로 새로운 혁신과 진보를 가져다줄 수 있다. 그러나 이러한 태도도 보여줘야 맞는 곳이 따로 있다. 주변 사람에게 공격적이고 계산적인 태도를 보이고, 서로 협력해야 할 동료를 경쟁 상대로 여겨 싸우자고 덤빈다면 능력과 추진력으로 포위망을 뚫을 수 있을지는 몰라도 만신창이가 될 게 분명하다. 옆 사람을 쓰러뜨리고 자신 또한 고립무원의 위기에 빠지게 될 테니까. 실제로 예전에 이런 동료를 본 적이 있다. 그는 분명 능력이 출중한데 일할 때 잔꾀 부리기를 좋아했고, 공은 가로채고 잘못은 떠넘기며 성과 내기에 열을 올리는 행동으로 직장 곳곳에 적을 만들었다. 이렇게 올린 실적으로 그는 확실히 승진도 하고 연봉도 높였다. 하지만 그를 싫어하는 사람이 너무나도 많았고, 결국 주문서를 허위 보고했던 게 덜미가 잡혀 불명예 퇴사를 할 수밖에 없었다.

　늑대의 특성을 가져야 한다는 건 이기적으로 굴거나 타인에게 상처를 주라는 뜻이 아니다. 조직을 위해 노력하고 동료들을 이끌어 함께 발전하는 것. 이것이야말로 직장생활에서 가장 필요한 늑대의 특성이다. 나에게만 득이 되는 일은 오래가지 못한다. 집단이 함께 좋아져야 나도 그 안에서 더 오래 더 많은 이익

을 누릴 수 있는 법이다.

자신이 어떤 성격적 기질을 가지고 있고, 어떤 일 처리 방식에 익숙하든 그리고 또 어떤 목표를 꿈꾸고 있든 상관없이 일단 사회와 직장에 발을 들였다면 자신이 속한 환경에 녹아들어 현재 상황에 맞는 방법으로 자신의 가치를 드러내고, 타인과 협력하며, 무리하지 않는 행동과 속도로 사람들과 어울려야 한다. 그런 의미에서 무리와 잘 어울리는 양의 특성을 가진 사람들은 이쪽 방면의 고수라고 할 수 있다. 그들은 절대 나약하거나 무능하지 않다. 늑대 같은 적극성과 타인을 이끌고자 하는 강력한 기세가 없을 뿐, 기꺼이 다른 사람을 돕길 원하며 묵묵히 제 몫의 일을 해내 임무를 완수할 수 있게 해준다. 이러한 태도는 팀의 성장에 없어서는 안 될 안정적인 힘이 된다.

직장에는 치열한 경쟁만 있는 것이 아니다. 물론 한 마리의 뛰어난 늑대가 되어도 좋다. 그러나 이와 함께 무리와 조화롭게 공존하는 법도 배워야 한다. 싸울 생각만 하면 왕이 될 기회가 생길지도 모르지만, 무리에서 고립되어 추방당할 수 있다. 사람은 혼자 살아갈 수 없다. 그러니 양을 비웃기보다는 그들이 어떻게 무리와 어울려 적을 만들지 않는지를 배워보자. 그러면 자신의 가치를 드러내면서도 팀을 이룰 수 있다.

서로가 유쾌하고 평온하게 살 수 있도록 너그럽고 따뜻한 마음으로 사람을 대하는 것, 이것이야말로 대단한 능력이 아닐까? 남에게 관대한 사람은 나에게 관대한 사람으로, 타인에게 조금 더 너그러워지면 우리의 삶도 그만큼 여유로워진다. 모두가 서로 돕고 배려한다면 함께 더 나아질 기회가 생긴다. 비교하고 다투려는 마음가짐을 덜어내야 번민과 분노의 감정에 허덕이지 않을 수 있다.

외로움이 꼭 나쁘다고는 할 수 없지만, 누군가 함께하고 도와줄 사람이 있다면 분명 더 좋을 것이다. 공격적인 태도는 삶에 비바람을 몰고 올 뿐이니, 공감과 포용으로 늘 주변을 밝혀보자.

18 이기심을
버리면

소득이
더 높아진다

고압적이거나 거만하게 굴지 않고 겸손하고 절제된 태도를 유지해야 한다. 인화(人和), 즉 사람들과의 화합은 훌륭한 리더와 관리자가 갖춰야 할 필수 요건이다.

• • •

직장에서는 당연히 능동적이고 적극적인 태도를 보이는 게 좋다. 그러면 기회를 쟁취할 수 있을 뿐만 아니라 사람들의 눈에 띄어 '나'라는 존재를 각인시키기도 쉽다. 실제로 이런 사람들은 업무적으로 어느 정도의 성과를 얻는다. 하지만 단순히 상사와 동료가 자신의 능력을 알아주길 바라는 마음에 다양한 도전에 나서며 더 많은 것을 배우기 위해 적극적으로 노력했다가 의외로 동료들에게 미움을 사고 따돌림을 당하는 사람도 적지 않다. 좋은 모습을 보여주길 바랐는데 결국 자신을 기다리고 있던 건 손발이 꽁꽁 묶인 고립무원의 신세라면, 이들은 얼마나 마음이 괴로울까.

능동적이고 적극적인 태도로 용감하게 일을 맡는 것은 결코 잘못된 행동이 아니다. 따돌림이 아니라 격려와 응원을 받아야 마땅하다. 그런데도 이 같은 상황이 발생하는 이유는 동료 대부분이 평소 수동적이고 소극적이기 때문이거나 경쟁의 위협에 심리적인 방어 기제가 작동하여 상대를 배척하고 혐오하는 언행을 보이게 된 것이다.

나도 직장생활을 하면서 이와 비슷한 경우를 많이 봐왔다. 어떤 사람은 자신을 미워하는 동료들과 직접적으로 전쟁을 개시해 사무실에서 날 선 대화를 주고받는 것은 물론이고 일을 할 때도 죽기 살기로 임했다. 그런가 하면 어떤 이는 동료들의 따돌림에 아랑곳하지 않고 그들을 공기 취급하며 이를 악물고 고군분투를 이어갔다.

하지만 직장에서 외로운 늑대가 되기란 결코 쉬운 일이 아니었다. 대놓고 전쟁을 시작한 사람은 얼마 못 가 회사에서 쫓겨났다. 회사 측의 입장에서는 아무리 능력이 뛰어나더라도 사무실의 평화와 화합을 위해 동료와의 불화와 분쟁이 끊이지 않는 그를 내보낼 수밖에 없었던 것이었다. 한편, 동료를 공기 취급

했던 사람 역시 결국엔 쓸쓸히 회사를 떠났다. 멘탈이 아무리 강하더라도 지치고 약해지는 순간은 있게 마련이었고, 외손뼉만으로는 소리를 낼 수 없듯 다른 사람의 도움 없이 혼자 힘으로 해낼 수 있는 일이 많지 않았기 때문이다.

우리 주변에는 늘 무심결에 상처를 주는 사람들이 있다. 때로는 다른 사람에게, 때로는 자기 자신에게. 보통 못된 사람은 남에게 상처를 주고, 착한 사람은 스스로 상처받는 쪽을 선택하지만, 이보다도 양쪽 모두가 상처를 받는 경우가 더 흔하다.

야심 있고, 능력 있는 사람이 직장에서 두각을 나타내길 원한다면 어떻게 다른 사람을 밟고 올라갈까가 아니라 어떻게 조직에 협조하여 문제를 해결할 것인가를 고민하고, 주변 사람들과 원만히 잘 어울리는 방법을 찾아야 한다. 친절과 배려는 처세와 처사의 기본이다. 야심을 갖든 자기애를 갖든 다른 사람에 대한 배려가 기저에 깔려 있어야 한다. 자기 자신을 사랑하는 일이랍시고 이기적으로 굴어서는 안 된다.

노자의 《도덕경(道德經)》에 이런 말이 있다.

'선위사자(善爲士者), 불무(不武). 선전자(善戰者), 불노(不怒). 선승적자(善勝敵者), 불여(不與). 선용인자(善用人者), 위하(爲下). 시위부쟁지덕(是謂不爭之德), 시위용인지력(是謂用人之力), 시위배

천고지극야(是謂配天古之極也).'

이는 '훌륭한 지도자는 쉽게 무력을 동원하지 않고, 잘 싸우는 사람은 감정을 다스려 쉽게 흥분하지 않으며, 상대를 이길 줄 아는 사람은 성급하게 다투지 않는다. 또한 인재를 알아보고 적재적소에 사람을 쓸 줄 아는 사람은 늘 겸손한 태도로 다른 사람을 대한다. 이것을 서로 다투지 않음의 이점이라 하며, 다른 사람의 도움을 받는 힘이라 하고, 자연의 섭리에 따르는 최고의 법칙이라 한다'라는 뜻이다.

권력과 무력으로는 사람을 위협할 순 있어도 사람의 마음을 사로잡지는 못한다. 정말로 일 잘하는 능력이 있는 사람은 자신의 감정부터 추슬러 함부로 다른 사람이나 애꿎은 물건에 화풀이하지 않는다. 문제를 해결할 줄 아는 사람은 성급히 일 처리에 나서지 않고 문제의 근원부터 파악해 효과적인 방법을 찾은 후 일을 진행한다. 또한 남들과 어울려 함께 일하며, 고압적이거나 거만한 태도를 보이지 않고 늘 겸손함을 유지하며 편견을 내던질 줄 안다.

노자는 짧은 몇 마디 말로 정말 훌륭하다고 말할 수 있는 인재의 특징을 설명했는데, 그가 말한 이 몇 가지 조건을 갖출 수 있다면 직장에서의 승승장구는 떼어 놓은 당상일 것이다. 참고로 내게 가장 중요한 요소는 고압적이거나 거만하게 굴지 않고

겸손하고 절제된 태도를 유지하는 것이다. 인화(人和), 즉 사람들과의 화합은 훌륭한 리더와 관리자가 갖춰야 할 필수 요건이기 때문이다.

앞서 말했듯이 어떤 사람들은 그저 자신을 좀 더 드러내고, 자신에게 맡겨진 일을 가능한 한 빨리 완수하고 싶었을 뿐, 타인을 적으로 돌리려는 생각이 추호도 없었는데도 사람들에게 미움을 받는다. 그런데 어쩌면 사람들이 그들에게 거부감을 느끼는 이유는 그의 마음이 아니라 마음을 표현하는 방식에 있을지도 모른다.

스스로 생각하기에 자신이 야심 있는 타입 혹은 자신을 적극적으로 드러내기 위해 노력하는 타입에 속한다면, 먼저 자신이 지나치게 자기중심적이라 주변 사람들의 기분을 소홀히 하지는 않았는지 돌아볼 필요가 있다. 그렇다고 이러한 성격을 가진 사람들이 나쁘다는 건 아니다. 모든 성격에는 상대적으로 좋은 점도 있고, 나쁜 점도 있으며, 같은 성격이더라도 다른 환경에 놓이면 서로 다른 변화가 생긴다. 그러니 본인이 판단하기에 자신이 자기중심적인 성격이라도 지금의 자신을 받아들이자. 자신을 부정하거나 탓할 필요는 없다. 적어도 현재의 자신은 이러한 성격이 통하지 않는 환경도 있다는 걸 알고 있으니, 살짝만 행동을 조절하면 앞으로 서서히 더 나아질 수 있을 것이다.

다음과 같은 방향으로 생각을 정리해 행동을 조절해보는 것도 좋은 방법이다.

첫째, 타인과의 소통을 개선한다

다른 사람이 보내는 정보를 자신이 어떻게 받아들이고, 어떤 근거로 판단하는지 면밀하게 관찰해보자. 자기가 객관적인 단서를 수집하는 편인지, 아니면 스스로 넘겨짚는 편인지를 생각해보는 것이다. 그 결과 주로 본인의 입장에서 많이 생각하는 편이라는 답이 나온다면, 직접적인 소통을 통해 상대에게 몇 마디 더 물음으로써 보다 완전한 정보를 수집해야 한다. 그런 다음 획득한 정보를 걸러내는 시간을 갖는 것이다. 상대의 입장에서서 그가 어떤 기분이었을지 생각해보고, 자신이 어떻게 반응해야 마땅할지, 또 어떻게 상대의 요구를 만족시킬 수 있을지 판단해보자.

둘째, 자신의 마음가짐을 개선한다

자신의 이기적인 마음을 이타적인 마음으로 바꿔보자. 이타적인 마음이 자신을 더 이롭게 하기 때문이다. 마음가짐을 바꾼다는 게 상대적으로 쉽진 않겠지만 소소한 부분부터 시작해보

자. 예를 들면 좋은 아이디어가 생겼을 때 성급히 상사에게 제안하기보다는 동료들에게 먼저 의견을 구한 후 보고를 한다거나, 아이디어가 채택된 후에도 의견을 보태준 사람들을 언급하며 주변 사람들에게 공을 돌려보는 것이다. 이렇게 하면 자연스럽게 자신을 돋보이게 만들 수 있음은 물론이고 악성 경쟁이 아닌 동료들과 서로서로 도우며 함께 발전하는 선순환을 형성할 수 있다.

얼마 전 일본의 뇌과학자 이와사키 이치로(岩崎一郎) 박사의 글을 읽었다. 그는 일찍이 유럽에서 '이기적인 사람'과 '이타적인 사람'을 대상으로 10여 년간 진행한 소득 변화 연구 결과를 인용하여 '이타적인 사람'의 연간소득 증가율이 '이기적인 사람'의 배 이상임을 지적했다. 이타적인 사람은 항상 주변 사람을 생각하고, 배려하여 문제를 해결하기 때문에 다른 사람에게 두터운 신임을 얻고, 그만큼 중요한 업무를 위임받거나 리더로 발탁되기 쉬워 소득도 높아진다는 것이다.

성공하길 원한다면 단순히 성공을 위해서가 아니라 '남들에게 신뢰받는 사람'이 되기 위해 노력해야 한다.

부디 모두 다른 사람의 눈에 가치 있고, 또 기꺼이 신뢰할 만한 사람이 될 수 있길 바란다. 따뜻한 사람은 모든 것이 어둠에 잠긴 순간에도 여전히 반짝반짝 빛을 낸다. 곁에 이렇게 따뜻한 사람이 있길 바란다. 아직 없다면? 먼저 이런 사람이 되도록 스스로 노력해보자.

19 ▲ 다투지 않는 지혜

남과 무언가를 다투지 않는 사람은 완전히 욕심이 없는 사람이 아니라 경쟁의 욕구로 자신의 마음을 가득 채우지 않으려고 노력하는 사람이다. 우리가 마땅히 다퉈야 할 게 무엇인지를 명확히 알고, 사소한 이해득실에 마음을 어지럽히지 말자.

...

현실에서 경쟁은 어디에나 존재한다. 그런 까닭에 마치 자기 자신을 무장하지 않으면 더는 앞으로 나아가지 못하고 사회에서 도태될 것만 같은 생각이 들기도 한다. 그런데 따지고 보면 경쟁은 인간의 본능이다. 적자생존이라는 만물의 법칙 속에 살아가는 우리는 생존을 위해서라도 자기 자신을 위할 수밖에 없고, 그렇기에 정도의 차이가 있을 뿐 누구나 이기심을 가지고 있다. 바꿔 말하면 그만큼 진정한 무욕(無慾)의 삶을 살기란 여간 어려운 일이 아니라는 뜻이기도 하다. 물론 마땅히 쟁취해야 할 것에는 최선을 다해야 맞다. 다만 마음가짐과 방법에 따라 정당한 도리와 공정함을 위한 다툼인지, 그저 욕심을 위한 싸움인지 달라질 수 있음에 주의해야 한다. 예를 들어 자신의 권익을 위한 노력은 자신이 마땅히 누려야 할 정당한 도리와 공정함을 추구하는 일이지만, 다투지 말아야 할 걸 다투는 것은 욕심이자 심지어 일종의 탐욕이라고도 할 수 있다.

실리주의 사회에서 경쟁을 피해 가기란 어려운 일이다. 하지만 그 와중에 누구와도 다툴 수 없는 것이 하나 있다. 그것은 바로 우리의 마음이다. 타인과 다투지 않으려면 먼저 자신의 사욕과 탐욕을 다스려 마음의 안정을 찾고 욕망과 공존해야 한다. 이는 가장 기본적이지만 가장 어려운 일이기도 하다. 차분한 태도로 혼란에 대처하고, 한 발짝 나아가기 위해 물러설 줄 알며, 넘어진 김에 쉬어 갈 줄 아는 것이야말로 생존을 위한 가장 좋은 방법이다.

다투지 않음을 이야기하려니 노자를 떠올리지 않을 수 없는데, 이 현인은《도덕경》에서 말했다.

'최고의 선은 물과 같다. 물은 모든 사람을 이롭게 해주지만

공을 다투지 않으며, 모든 사람이 싫어하는 낮은 곳으로 흐른다(상선약수(上善若水). 수선이만물이부쟁(水善利萬物而不爭), 처중인지소오(處衆人之所惡), 고기어도(故幾於道)).'

물은 고정된 형체가 없어 용기에 담으면 그 용기의 모양대로 자신의 형태를 드러내는 환경 적응의 고수다. 우리가 물의 성질을 본받아 물처럼 되려고 노력한다면, 그래서 물 같은 유연함으로 현재 상황에 적응하고, 만물을 적시는 물처럼 주변 사람에게 친절을 베풀며, 물 같은 포용력으로 나와 다른 생각들을 받아들인다면, 자연스레 미움을 살 일도 없어질 것이다. 그리고 무엇보다 물의 임기응변 능력을 배우면 적절한 시기를 포착하여 흐름에 몸을 맡기고, 빈틈이 있는 곳을 꿰차고 들어가 자신의 장점을 마음껏 발휘함으로써 자신의 가치를 드러낼 수 있을 것이다.

무언가를 다투어 얻으려 할수록 잃는 것이 많아지고 마음 또한 지치게 된다. 애써 다투지 않으면 오히려 쉽게 얻을 수 있다. 감정싸움을 하지 않아야 자신이 원하는 큰 그림을 돌볼 수 있다.

자신의 목표를 이루려면 충동적으로 행동하거나 무작정 비교하고 따지며 이익을 다투려 해서는 안 된다. 그래봤자 자기 자신을 옭아매고, 자신의 앞길에 가시덤불과 걸림돌만 깔아놓는 꼴이 될 테니까. 사람들은 때때로 눈앞의 사소한 시비와 이해를 다투는데, 이는 목표를 향해 나아갈 시간만 늦출 뿐이다. 적이 많아질수록 우리의 발목을 잡을 사람도 늘어나기 때문이다.

남들의 괴롭힘과 도발도 있을 수 있다. 그러나 이에 맞불을 놓으면 상황이 더 악화되어 더 좁은 길을 걸어가야 한다. 이 세상을 살다 보면 나와는 생각이 다른 많은 사람을 만나게 되어 있으며, 또 모든 사람이 다 합리적인 것도 아니다. 막무가내인 사람과는 실랑이를 벌일수록 끝없는 시달림에 빠져 결국 피를 보는 건 자기 자신이다. 때로는 부차적인 것을 포기해야 진짜로 중요한 것을 지킬 수 있다. 그러니 형편없는 사람과 얽혀 그 주변을 맴돌지 말고 가치 있는 사람에게 자신의 시간과 마음과 체력을 할애하자.

자신을 드러내 보이고, 승리욕이 강한 사람은 가장 공격을 받기 쉬운데, 이때 자신을 도와주고 지지해줄 사람이 주변에 아무도 없다면 버티지 못하고 금세 쓰러지는 경우가 많다. 그러나 겸손하고 예의 바르며 실리를 다투지 않는 사람은 두루두루 좋은 인연을 맺어 난관에 부딪히더라도 기꺼이 도와줄 사람이 있다. 뭇사람의 힘을 결코 얕봐서는 안 된다. 작은 선의가 모이면 엄청난 에너지가 되고, 자연스럽게 더 큰 목표를 이룰 수 있다.

살면서 뜻대로 되지 않는 일을 마주하는 것보다 더 재수 없는

일은 공연히 시비를 걸어오는 사람을 만나게 되는 것이다. 하지만 진정한 강자는 싸움을 잘하는 사람이 아니라 '최고의 선은 물과 같다(상선약수(上善若水))'라는 삶의 철학과 '다투지 않으면 원망을 살 일도 없다(부쟁무우(不爭無尤))'라는 인생의 지혜를 배워 사람과 사람 사이의 차이를 덤덤히 받아들이고, 상황의 변화를 관망하며, 자신의 마음속에 있는 가장 중요한 목표와 신념을 굳건히 하여, 일단 누군가 그 선을 넘으면 상대의 악의를 절대 용서하지 않는 사람이다.

물은 마냥 평온하고 잠잠하지만은 않다. 거센 파도를 만들어 모든 것을 집어삼키기도 한다. 마땅히 쟁취해야 할 것과 마땅히 저항해야 하는 것에는 너무 예의를 차리지 말자.

남과 무언가를 다투지 않는 사람은 완전히 욕심이 없는 사람이 아니라 경쟁의 욕구로 자신의 마음을 가득 채우지 않으려고 노력하는 사람이다. 우리가 마땅히 다퉈야 할 게 무엇인지를 명확히 알고, 사소한 이해득실에 마음을 어지럽히지 말자. 매사 순풍에 돛단 듯 그저 순조롭기만 한 삶은 없다. 그러니 감정 기복이 자신의 삶에 너무 많은 영향을 주지 않도록 남을 바꾸려 강요하거나 갖기 힘든 것을 억지로 붙들려 하지 말자. 때로는 지지 않으려고 애쓰다 결국 평생을 후회하게 되는 일도 있다.

20 ▲ 의미 있는 일을 동력으로 삼자

남보다 잘나갈 방법을 엿볼 게 아니라 우리가 어떻게 함께 나아질 수 있을까를 고민하자.

...

곰곰이 생각해보면 삶의 불행은 '비교'와 '경쟁'에서 비롯하며 그중에는 스스로 사서 하는 고생도 없지 않음을 알 수 있다. 그러나 사소한 이해득실을 따지고, 불필요한 명예와 지위를 경쟁하는 일은 자신을 점점 고통의 구렁텅이로 몰아넣을 뿐이다. 왜냐? 사람과 사람 사이의 화합은 이해와 존중에서 비롯하기 때문이다. 내가 다른 사람에게 계산적으로 굴면 그 사람도 내게 이것저것을 따지게 되고, 내가 남의 것을 빼앗으면 그도 내게서 빼앗긴 것을 되찾으려고 하는 게 인지상정이다. 문제는 이렇게

계속 서로 주거니 받거니 하는 과정에서 온갖 불안과 괴로움과 울분이 파생한다는 것이다.

욕망은 우리를 성장하게 하는 동력이다. 그러나 이를 제대로 통제하지 못하면 욕망은 메울 수 없는 블랙홀처럼 자신의 삶을 집어삼키고, 심지어 자신의 마음을 저버리게 만든다. 물론 욕심 없이 살기란 불가능하겠지만 적어도 남에게 상처를 주지 않고, 손해를 입히지 않겠다는 마음가짐으로 자신의 몫을 다하고 그에 마땅한 몫을 가져가는 자세가 필요하다.

내가 가질 수 있는 것이라면 자연히 내 곁에 있을 거라는 생각을 가진다면 짜증 나는 걱정들이 우리의 삶을 줄곧 방해하는 일은 없을 것이다.

그동안 들은 이야기나 지난 경험으로 미루어보았을 때 사람들이 실패하는 이유는 대부분 욕심과 교만, 이 두 가지 때문이라고 생각한다.

더 큰 명예와 지위를 얻기 위해 타인을 깔아뭉개고, 음해하고, 공격하면 한동안 이익을 누릴 수 있을지는 모르지만, 그렇게 한번 한번 이익에 눈이 멀고 스스로 대단한 사람이라는 착각에 빠질수록 주변에 적은 많아지고 자신을 진심으로 대해주는 사람과는 점점 멀어져 결국 그 대가를 치르게 된다.

우리는 항상 생활 속의 모든 것을 명확하게 나누는 데 익숙하다. 이건 내 거, 그건 네 거. 그리고는 상대와 자신을 비교하며 왜 네가 나보다 많이 가졌는지 혹은 왜 그가 나보다 더 좋은 걸 가졌는지를 따진다. 그런데 철학적 관점에서 보면 이 세상에는 온전한 네 것 혹은 내 것이라는 게 없다. 자기 자신을 제외하고 우리가 손에 쥔 모든 것은 잠시 빌려 온 것일 뿐이다. 사람은 누구나 빈손으로 태어나 떠날 때 역시 빈손으로 돌아간다.

어떤 사람들은 잠깐이라도 좋으니 화려하고 번듯한 삶을 살고 싶다고, 남보다 더 높은 지위에 오르고 싶다고 생각할지도 모른다. 그래도 괜찮다. 결국 이는 인간성의 한 부분이자 앞서 언급한 인류사회 발전의 원동력이니 말이다. 다만 이를 좇는 과정에서 자아를 잃어서는 안 된다. 돈은 자신의 가치를 창출하는 도구여야지 그 자체를 목표로 바라봐서는 안 된다. 그러지 않으면 우리가 말하는 성공은 자신을 돈의 노예로 전락시키는 것에 지나지 않는다.

욕망은 괴로움의 근원이다. 욕망을 좇으면 행복해질 수 있을 것처럼 보이지만, 그 행복의 뒤에는 위험이 도사리고 있다. 욕망을 실현한 후에는 대개 불행이 뒤따르는 경우가 많다.

욕망에 휘둘리지 말고 욕망을 자신의 성장을 이끄는 에너지로 전환해야 한다. 단순히 돈과 지위를 가진다고 우리의 삶이

진짜로 풍족하고 행복해지는 건 아니다. 물질 외의 것, 이를테면 자기 가치를 실현하는 일이나 타인에게 필요한 사람이 되는 것, 관심과 애정을 주고받는 일 등으로 정신적인 만족감을 얻어야 진짜로 풍족하고 행복한 삶을 살 수 있다. 그저 평범하게 물질적인 만족만을 추구하며 남과 끊임없이 비교하고 따지고 다투려는 경쟁적인 마음가짐을 가지고서는 편안하고 착실하게 하루하루를 보내기 어렵다. 그러니 어떻게 삶이 즐겁고 자유로울 수 있겠는가?

내면의 즐거움과 자유는 대부분 남을 돕는 이타적인 활동과 마음의 평온함에서 비롯한다. 그러므로 경쟁적인 마음으로 주변을 바라보기보다는 공동의 이익을 생각해보려는 노력이 필요하다.

남보다 잘나갈 방법을 엿볼 게 아니라 우리가 어떻게 함께 나아질 수 있을까를 고민하자. 믿을 만한 사람과 함께 노력하고, 모두와 함께 성장하면 알찬 성과는 물론 뿌듯함과 즐거움을 얻을 수 있다.

외로운 늑대는 살아남을 수 있지만 분명 삶이 고될 것이다. 그러니 다른 사람들과 협력하고 팀을 이끌고자 노력해보자. 사람들과 호흡을 맞춰가는 과정에서 자신의 능력을 또 다른 경지로 끌어올릴 수 있을 테니까. 특별히 '늑대의 특성'을 찬양할 필요도, 애써 늑대가 되려고 할 필요도 없다. 늑대의 특성을 가진 사람들 대부분은 어쩌면 환경에 의해 어쩔 수 없이 늑대가 되었는지도 모른다. 그들에게 더 많은 선택지가 있었다면 자신의 미래를 위해 목숨을 걸고 일상을 희생해가며 인간미를 잃지는 않았을 거라고 믿는다.

우리의 성장과 발전을 이끄는 구동력에 반드시 늑대의 특성이 필요한 건 아니다. 그보다도 '꿈을 실천하는 것'이 더 중요하다.
성공한 사람들과 기업가들을 자세히 살펴보면 공통적인 특징을 찾을 수 있다. 바로 돈을 노력해서 이뤄야 할 하나의 목표로 여기기는 하지만, 그보다 의미 있는 일을 성취하고자 하는 마음을 더 큰 동력으로 삼는다는 것이다. 이를테면 사람들을 더욱 편리하게 하거나 환경에 더 친화적인 제품을 만드는 식으로 말이다. 그래야 지속 가능한 구동력이 생기기 때문이다. 요컨대 인성은 늑대의 특성보다 훨씬 지켜야 할 가치가 있다.
알 수 없는 인생 앞에 우리는 스스로가 가진 재능과 능력이 무엇인지, 자신에게 일의 의미는 무엇인지를 차분하게 생각해볼 필요가 있다. 그런 다음 어떤 일을 해야 이 두 가지를 만족시킬 수 있는지 고민해보는 것이다. 꼭 꿈이 원대할 필요는 없다.

손재주가 좋아서 치킨커틀릿을 기가 막히게 튀겨낼 수 있고, 또 사람들이 그걸 맛있게 먹는 모습에 자신도 기분이 좋아진다면 이런 일은 충분히 시도해볼 가치가 있다.

자신이 하고 싶은 일, 잘하는 일을 찾기가 물론 쉬운 것은 아니다. 하지만 목표가 생기면 막연한 걱정과 두려움에 휘둘리지 않고 '의미'를 찾아갈 수 있고, 이러한 삶은 분명 보람찰 것이다.

21 ▲

경쟁
보다는

단단함이
왕도다

우아하고 단단한 사람이 될 수 있느냐는 자신의 감정을 다스릴 줄
아느냐에 달려 있다. 걸핏하면 남에게 화를 내고, 말로 사람에게
상처를 주는 것은 자신에게 불리한 어리석은 행동이다.

· · ·

내가 '늑대의 특성'의 단점을 이야기한 이유는 무슨 일이든
온화하고, 친절하게, 공손하고, 겸손하게, 참고 양보해야 한다
는 것을 가르쳐주기 위해서가 아니다. 어쨌든 사회생활을 하다
보면 좋은 사람만 있는 것도, 또 좋은 일만 있는 것도 아니기 때
문이다. 사리사욕을 위해 수단과 방법을 가리지 않는 지극히 이
기적인 사람들이 있게 마련인데, 이들의 모든 것을 용인하고,
이들에게 양보하는 쪽을 선택해봤자 그들은 그저 무른 땅에 말

뚝 박기식으로 한술 더 떠 행동할 뿐 고마워할 줄도, 보답할 줄도 모른다. 따라서 그들에게 이른바 '호구' 취급을 당하지 않으려면 적절한 반격은 필수다.

경쟁한다고 해서 모질어져야 하는 것은 아니며, 지혜를 겨루는 일과 속임수를 쓰는 일은 엄연히 다르다. 우리의 모든 행동과 결정은 갈수록 자기가 싫어지고, 주변 사람에게 상처를 주는 것이 아니라 스스로 좋아하고 인정하는 것이어야 한다. 자신이 미워지기 시작하면 결국 자신 주변의 모든 것이 싫어지게 된다. 이는 내가 형편없는 사람 때문에 형편없는 결정을 해서는 안 된다고 끊임없이 강조하는 이유이기도 하다. 그들은 우리에게 친절한 대우를 받을 가치가 없다. 그러니 그들로 말미암아 자신 또한 형편없는 사람이 되지는 말자.

대형 외국계 기업에 다니던 친구가 있다. 그는 업무력이 매우 뛰어났지만 이로 인하여 직속 상사에게 눈엣가시 취급을 받았다. 상사가 그를 위협적인 존재로 생각했기 때문이다. 상사는 사사건건 친구의 트집을 잡으며 비협조적인 태도로 일관했다. 그러나 친구 또한 소위 한 성깔 하는 사람이었던지라 얌전히 괴롭힘을 당하고만 있지는 않았다. 그는 상사와 전면전에 나섰고, 안 그래도 온갖 트집을 잡으며 못살게 굴던 상사는 한술 더 떠 빈정대는 말뿐만이 아니라 친구의 모든 제안에 퇴짜를 놓았다. 이에 다른 동료들은 몸을 사리며 상사의 편을 들거나 괜한 불똥이 튀지 않도록 친구와 거리를 두었고, 결국 친구는 가슴 가득 설움을 안고 퇴사를 해야 했다.

이후 친구는 다른 대기업으로 이직했다. 그런데 뾰족뾰족한 성격 탓인지 오만하다는 오해를 쉽게 사는 그는 이번에도 경력 많은 동료에게 공격의 타깃이 되었다. 하지만 이전 경험을 바탕으로 친구는 상대와 소통하는 쪽을 선택했다. 자신은 실적과 공을 다투려는 게 아니라 맡은 임무를 제대로 해내고 싶은 것뿐이며, 부서 전체가 함께 더 잘되기를 바란다는 걸 그 경력 많은 동료에게 알린 것이다. 상대가 그의 말을 있는 그대로 전부 받아들였는지는 알 수 없지만 어쨌든 두 사람의 관계는 더 악화하지 않았다. 한편 친구는 자신의 말대로 맡은 바 임무를 성실히 수행하며 제 몫을 다했고, 그 결과 새로운 회사에 들어간 지 3년이 채 되지 않아 고속 승진을 했으며, 이후 모 외국계 기업의 국내 책임자로 스카우트까지 되었다. 참고로 이전 회사에서 갖은 수단과 방법으로 친구를 괴롭혔던 상사는 여러 사람에게 미운털이 박힌 데다 회사의 규정까지 위반하여 결국 해고되었다고 한다.

자기의 생각이 타인의 생각과 엇갈릴 때 용기 있게 이의를 제

기하고 적절한 설명을 곁들이기란 결코 쉬운 일이 아니다. 하지만 그렇다고 소통을 포기하면 사람들과 점점 더 멀어지거나 자신만 억울해질 뿐이다. 햇빛이 들어오도록 창문을 열지 않으면 마음에 쌓아두었던 일들은 결국 썩어 문드러지고 만다. '말을 꺼내는 것'은 마음속에 쌓인 어둠이 밖으로 빠져나갈 수 있도록 통로를 내어주는 일과 같다.

물론 사람에 따라 적합한 소통 방법이 다 다르겠지만, 이 세 가지만 기억하자. 나쁜 감정을 가지지 않을 것, 성급히 사람을 설득하려 하지 말 것, 남 탓하지 말 것.

이렇게 한 번, 한 번 맞춰나가다 보면 가장 적절한 방법을 찾을 수 있을 것이다. 그래도 답이 없다면 각자 자기 갈 길을 가는 수밖에 없다. 적어도 노력은 해봤으니까. 잘 말하고, 주의 깊게 듣고, 천천히 서로를 이해하자.

우아하고 단단한 사람이 될 수 있느냐는 자신의 감정을 다스릴 줄 아느냐에 달려 있다. 걸핏하면 남에게 화를 내고, 말로 사람에게 상처를 주는 것은 자신에게 불리한 어리석은 행동이다. 성을 공격하여 땅을 빼앗을 줄 아는 사람보다 훨씬 강한 사람은 부정적인 감정을 잘 다스릴 줄 아는 사람이다.

흐름이 보이지 않는 물은 대개 그 깊이가 깊고, 감정을 티 내지 않는 사람은 함부로 예측하기가 어렵다. 감정을 다스리는 방법을 배우고, 자신이 옳다고 생각하는 것과 마땅히 해야 할 일에 대해 온건하고 흔들림 없는 태도를 유지한다면 직장에서도 그 빛을 발할 수 있을 것이다.

무슨 일이든 넘치면 부족함만 못한 법이다. 호의가 지나치면 상처가 되고, 능력이 지나치면 교만해지기 쉽다. 어둠을 비추는 불빛도 그 빛이 너무 강렬하면 오히려 눈부심 때문에 앞을 제대로 볼 수 없는 것처럼 말이다. 무슨 일이든 적당한 때 그칠 줄 알고, 주변 사람의 감정을 살필 줄 알아야 한다. 뛰어난 사람은 질시의 대상이 되기 쉬운 만큼 더더욱 온화하고 겸손해야 한다.

사회생활을 하다 보면 나를 인정하지 않는 사람이 있을 수 있고, 반대로 내가 견딜 수 없는 사람도 있을 것이다. 물론 자신을 향한 비판과 비아냥거림은 무시하기 어려울 것이다. 누군가에게 부정당하는 경험은 확실히 충격으로 다가오기 때문이다. 하지만 자신을 믿고 대범함을 가지면 눈에 거슬리는 사람이나 일들 그리고 자신을 겨냥한 공격과 비난을 덤덤하게 바라볼 수 있다. 내가 좋아하지 않는다고 반드시 나쁜 것이라고는 할 수 없다. 마찬가지로 타인에게 부정당했을 때도 길길이 날뛸 필요는 없다. 나를 인정하지 않는 그들의 반응에 자신의 부족함을 되돌아보게 되는 자성의 시간을 갖게 될 수도 있으니 말이다.

결국 영원히 떳떳해야 할 존재는 우리 자신뿐이다. 자신을 향한 업신여김이나 험담들은 일종의 경고 정도로 여기고, 고쳐야 할 부분이 있다면 고치면 그만이다. 지나가면 다 어제의 일이 되고, 어제의 일에 오늘의 기분을 망칠 필요는 없다.

체면을 위해 굳이 고집을 부리거나 사소한 일로 남과 다퉈봤자 오히려 체면을 구기는 경우가 더 많다. 할 줄 모르면 하지 말고, 굳이 다툴 필요가 없는 것을 위해 싸우지 말자. 무리해봐야 자신만 괴롭고, 엄한 승리욕을 불태워봤자 꼴사나워 보일 뿐이다.

곰곰이 생각해보면 나에게 가장 큰 성장 동력이 되어준 건 타인의 친절한 리드가 아니라 오히려 남들의 비웃음과 무시와 강요였던 것 같다. 물론 관심과 인내심을 가지고 우리를 이끌어 순탄한 성장을 하게 만드는 사람들도 있지만, 괴로움과 서러움에 그들이 나를 달리 보게 만들겠다고 이를 가는 순간이 더 많지 않던가. 실수하고, 좌절하고, 타인에게 업신여김을 당하는 건 확실히 괴로운 일이다. 하지만 당신 또한 그 난감함을 앞으로 나아갈 힘으로 전환할 수 있기를 바란다. 내가 멀리 나아가면 형편없는 환경에서도 자연스럽게 멀어질 테니까. 내가 점점 나은 사람이 되어갈수록 나의 주변 사람들도 점점 더 나아질 거란 사실을 잊지 말자.

착하지만
업신여김을

당하지않는
사람

함부로 남에게 상처 줘서는 안 되지만, 형편없는 이들에게 내가 결코 만만한 사람이 아님을 알려주려면 반드시 나만의 가시를 지니고 있어야 한다. 그래야 나 자신을 지키고 나아가 남들에게 상처받는 일을 줄일 수 있다.

· · ·

나는 사람이 착해야 한다고 생각하지만, 그렇다고 너무 착하게 굴지는 말아야 한다는 주의다. 중국 속담에 '사람이 착하면 다른 사람에게 속는다(人善被人欺)'라는 말이 있다. 이는 예로부터 전해 내려오는 경험자들의 간곡한 충고이자 수많은 현대 인류학 연구를 통해 검증된 사실이기도 하다. 인간은 집단생활을 한다. 일찍이 수렵사회부터 유목사회, 농경사회에 이르기까지

모두 무리 지어 살며 함께 분업하고 협력하여 자원을 얻고, 다시 이를 분배하는 구조로 보통 더 많이 이바지한 사람이 더 많은 자원을 얻는다. 그런데 누군가가 이러한 관행을 따르지 않는다면 어떨까? 남보다 더 많은 힘을 쓰고도 자신이 마땅히 받아야 할 몫의 일부를 그 자원을 필요로 하지만 많이 얻지 못한 사람들에게 기꺼이 나눠준다면? 아마 많은 사람이 그를 좋은 사람이라고 생각할 테고, 이로 말미암아 그는 명성과 인망을 얻게 될 것이다. 그러나 일부 자원분배자에게 그의 이러한 행동은 뭔가를 계획하려는 속셈 혹은 규칙을 위반하는 행동으로 여겨져 그를 견제하며 적대하기 시작할 가능성이 있다.

실제로 심리학자들은 너무 착하고 도덕적인 사람이 오히려 상대의 비위를 거스르기 쉽다고 말한다. 그의 존재로 다른 사람의 부족함이 드러나기 때문이다. 그의 선행에 내가 잘하지 못한 부분이 유독 두드러져 보이고, 그의 도덕성에 살짝 못된 생각을 가졌던 내가 대역죄인이 된 것 같기도 하며, 사사건건 비교할수록 느껴지는 불편함이 결국 그 좋은 사람을 향한 적대감으로 전환되는 것이다.

사람은 대부분 이기적이고 질투심이 많으며 불난 집에 부채질하길 좋아한다. 그렇기에 착한 사람이 되더라도 절대 무른 사람이 되어서는 안 된다. 강경함이 필요한 순간에 마음이 약해져

서는 안 된다는 뜻이다. 어쨌든 나쁜 마음을 먹고 우리를 곤란하게 만드는 사람들은 사람의 됨됨이를 볼 줄 모르거나 이기적이고 못된 사람들이므로 계속 참고 넘어가 줘봤자 자신만 상처로 너덜너덜해질 뿐이다.

설령 자신이 남보다 뛰어나더라도 이를 과시하거나 우쭐거려서는 안 된다. 그룹에서 확연하게 눈에 띄는 사람은 흔히 질투의 대상이 되어 미움을 받기 쉽기 때문이다. 물론 이런 걸 전혀 신경 쓰지 않는다면 주변의 시기 질투를 무시하고 자신의 길을 가면 된다. 그러나 사람들의 표적이 되고 싶지 않다면 주변 사람들의 감정을 조금 더 배려하는 언행으로 가능한 한 타인의 눈에 거슬리지 않는 게 좋다.

함부로 남에게 상처 줘서는 안 되지만, 형편없는 이들에게 내가 결코 만만한 사람이 아님을 알려주려면 반드시 나만의 가시를 지니고 있어야 한다. 그래야 나 자신을 지키고 나아가 남들에게 상처받는 일을 줄일 수 있다.

자신만의 가시를 가질 수도, 도무지 강해지지도 못 하겠다면 '스펀지'가 되려고 노력해보자. 다른 사람이 아무리 찌르고 때려도 전혀 타격이 없고, 고통을 견뎌내는 듯하다가도 다시 튕겨내는 그런 스펀지 말이다. 마음에 두지 않는 것이야말로 악의적

공격에 대응하는 가장 강력한 방법이니 자신을 향한 악의들을 대수롭지 않게 넘겨보자. 나쁜 사람들에게 아랑곳하지 않으며 정면으로 맞서지는 않지만, 다른 면에서 기회를 엿봐 반격을 노려보는 것이다.

그렇다면 너무 착하다는 건 대체 어떤 걸까? 남에게 미움을 받거나 상처를 줄까 봐 마지못해 선 넘는 부탁을 들어주고, 굳이 하지 않아도 될 고생을 감수한다면 지나치게 착하고 마음이 여린 것이라고 본다.

타인에게 친절하고 기꺼이 남을 돕는 마음은 물론 훌륭하다. 하지만 자기가 자신을 먼저 보호하지 못한다면 남을 탓할 수도 없다. 여력이 있어야 물에 빠진 사람에게 손을 내밀어 물 밖으로 끌어당길 수 있는 것이다. 그렇지 않으면 사람을 끌어주기는 커녕 함께 끌려가 물에 빠질 수 있다. 다른 사람의 부탁을 들어주느라 자꾸만 자기 일을 그르치게 된다면 상대를 도와줬을 때의 결과를 먼저 생각해보고 거절할 땐 단호하게 거절해야 한다. 내가 다른 사람의 처지를 이해해줬다면 남도 나의 상황을 이해해줘야 맞다. 그런데 상대가 이를 전혀 개의치 않는다면 나라고 그의 감정을 신경 쓸 필요가 뭐 있겠는가?

타인에게 악의적인 공격을 받았을 땐 적절한 어조로 자신의 불편함을 알려야 한다. 그랬는데도 상대가 이를 무시한 채 계속 공격을 이어간다면 더는 참아줄 필요 없이 관련 사항의 처리를 도울 권리가 있는 사람에게 이러한 사실을 알리거나 상대의 약점을 노려 반격해야 한다. 다른 사람이 의롭게 나서주기를 바라기보다는 스스로 반격의 기회를 찾는 게 낫다. 사람들은 자기 일만으로도 힘에 벅찬 경우가 많기 때문이다. 나 자신조차 자기의 권리와 존엄성을 지키지 않는다면 누가 성가심을 감수하면서까지 사서 도움을 주겠는가?

다른 사람의 부탁을 거절하거나 무례함에 반기를 드는 일이 서로의 관계에 흠집을 낼까 봐 걱정할 필요는 없다. 거절의 이유가 정당하고, 진짜로 왕래할 만한 가치가 있는 관계라면 자신의 선을 지키기 위한 상대의 거절에 상처받지 않을 테니까. 만약 상대가 당신의 감정을 무시하고, 당신이 그저 자신의 입맛에 맞는 호구가 되어주길 바란다면 이런 관계는 끊어내는 게 맞다. 다른 사람에게 뭔가를 부탁할 때는 원래 거절당할 준비를 해야하는 법이다. 거절의 말을 받아들일 멘탈이 안 되는 건, 그 사람이 성숙하지 못한 것이지 우리의 문제가 아니다.

한편, 어떤 이들은 '과도한 죄책감'을 가지기도 한다. 심리학에서 말하는 일반적 죄책감은 자신이 어떤 잘못을 저지르거나

고의로 다른 사람에게 상처를 준 후, 자신의 언행에 대해 뉘우치며 생기는 심리 상태를 일컫는다. 그리고 과도한 죄책감은 다른 사람의 감정을 지나치게 신경 쓴 나머지 자신이 뭘 잘못하거나 고의로 상처를 주지 않았는데도 스스로 부정하기 시작하는 심리 상태를 말한다.

자신이 이러한 유형에 속한다면 '과도한 죄책감'을 갖지 않도록 끊임없이 자신의 주의를 환기할 필요가 있다. 당신은 뭘 잘못하지도 않았고, 그 누구를 해치지도 않았다. 그저 자신의 원칙과 선을 지키고 싶었을 뿐이며, 타인의 공격에 반격했을 뿐이고, 다른 사람의 무례함을 참아 넘기고 싶지 않았을 뿐이다. 당신은 자신이 해야 할 일을 했을 뿐이다.

우리는 사람들에게 친절해야 한다. 하지만 악의를 품은 사람들에게 자신의 친절함을 이용당하지 않으려면 친절함을 베푸는 데도 반드시 원칙과 주관이 있어야 한다. 그저 참고 양보하고 쟁취하길 부끄러워하며 쓸데없는 부담을 억울하게 짊어지는 것은 친절한 게 아니라 나약한 것이다.

착한 것과 나약한 건 엄연히 다르다. 주변 사람을 돌보고, 능력이 닿는 범위 안에서 도움의 손길을 내밀며, 가능한 한 예의 바르게 상대를 배려하되, 형편없는 사람들이 함부로 자신을 짓밟도록 내버려둬서는 안 된다. 스스로 타협할수록 그들은 한술 더 뜬 행동을 보일 것이다. 우리의 선의는 그 소중함을 모르고 함부로 대하는 나쁜 사람들이 아니라 가치를 아는 사람들을 위한 것이어야 한다. 그러니 온순한 양이라도 원칙과 줏대가 있는 양이 되자.

아마 어떤 이들은 착한 사람이 되어봤자 괴롭힘만 당하고 득이 될 게 전혀 없다고 생각할지도 모른다. 그러나 다시 한번 강조하건대 선량함은 우리가 추구할 만한 가치가 있는 기질이다. 다만 '지나친 선량함'과 '과도한 죄책감'으로 자신을 들볶지 말아야 한다는 것이다. 선량함은 사람을 끌어당기는 매력이 있는 멋진 기질임이 분명하다.

과거에 심리학자가 관련 실험을 진행한 적이 있다. 연구원 두 명이 토끼 탈을 쓰고 한 명은 사고뭉치인 나쁜 토끼로, 다른 한 명은 다른 사람을 돕는 착한 토끼로 분했는데, 그 결과 6개월 정도 되는 아기의 8할이 착한 토끼에게 다가가길 좋아했고, 심지어 나쁜 토끼에게는 눈길조차 주지 않으려 한 것으로 나타났다. 이는 우리 대다수가 여전히 선량함에 이끌린다는 사실을 보여주는 실험으로, 우리가 사람들에게 호감을 살 수 있는 이 기질을 절대로 포기해서는 안 되는 이유를 설명해준다.

그런데 이 실험에는 흥미로우면서도 참 많은 생각을 하게 하

는 또 다른 설정 장치가 있었다. 바로 착한 토끼와 나쁜 토끼 앞에 쿠키를 놓아둔 것이었다. 나쁜 토끼에게는 많은 쿠키가 있었고, 착한 토끼에게는 단 하나의 쿠키가 있었는데, 아기 대부분이 더 많은 쪽에 손을 뻗어 쿠키를 가져갔다고 한다. 나는 이 결과가 사람이라면 누구에게나 욕구가 있기에 유혹을 뿌리치기 어렵다는 것을 보여주기도 하지만, 아기들은 착한 마음에 쿠키가 하나밖에 없는 착한 토끼의 것을 빼앗지 않았을 거라고 생각하는데, 당신의 생각은 어떠한가?

23 ▲ '같이'의 가치

누군가와 협력해 함께 일하길 원한다면 자신의 밑천이 전제되어야 한다. 여기서 밑천이란 꼭 돈이 아니라 능력과 기질을 말한다. 어떤 일을 처리할 수 있는 능력이나 원만한 인간관계 혹은 통찰력 등이 있어야 한다는 뜻이다.

. . .

우리가 아무리 유능하고, 똑똑하고, 군계일학이라 할지라도 군계, 즉 평범한 사람들의 도움 없이는 아무 일도 이룰 수 없는 학에 지나지 않는다. 마찬가지로 어떤 무리에 그 무리를 이끌어갈 리더가 없다면 그 무리는 그저 아무 목적 없이 각자 제멋대로 일하는 콩가루에 불과하다. 조직의 성장을 위해서든, 개인의 발전을 위해서든 자기보다 약한 사람을 괴롭히거나 유능한 사

람을 배척하기보다 공동의 이익을 도모하고 함께 성장하고자 노력하는 게 좋다. 한마디로 '같이'의 가치를 추구하여 모두가 그 혜택을 누릴 수 있도록 하는 게 여러모로 이익이라는 뜻이다.

늑대는 잔인하고 양은 착하다는 생각은 지나치게 단편적이다. 모든 일에는 다양한 면이 존재하며, 살아 있는 모든 생물은 결국 생존 보장을 추구한다. 다만 이 과정에서 사용하는 방법이 각자 다를 뿐이다. 하지만 우리는 그저 '생존'을 추구하는 것에 머무르지 않고, 좀 더 심층적인 욕구를 추구하는데, 그것이 바로 '자아실현'이다.

사람마다 자아실현에 투영하는 표면적 욕구는 다 다르다. 더른 권력을 손에 쥐고자 하는 사람이 있는가 하면, 충분한 돈을 가지려는 사람이 있고, 자신이 좋아하는 일을 하고자 하는 사람도 있으며, 가족과 편안하게 살 수 있다면 그것으로 충분하다고 생각하는 사람도 있다.

그룹 안에서 늑대와 양은 서로 대립하는 존재가 아니라 공존의 관계로서, 함께해야 할 일과 각자가 가치 있다고 여기는 일들을 해나가야 한다. 좋은 팀에는 실행력과 야심을 가지고 목표를 향해 앞장서는 사람이 필요하며, 온화함과 공감 능력을 앞세워 많은 일의 조율을 돕는 사람도 필요하다. 어쩌면 우리는 각자가 습관적으로 내보이는 면만을 보고 그 사람을 단정하고 있을 뿐, 우리 모두의 마음속에는 늑대와 양이 모두 살고 있을 수도 있다. 그러니 가능하다면 팀의 목표를 향해 나아갈 때는 모두가 함께 늑대의 특성을 발휘해 확신과 투지를 가지고 목적지를 향해 전진하고, 팀원과 교류할 때는 각자의 친화력을 발휘하여 서로 더 긴밀하고 즐거운 협력이 될 수 있도록 상황에 따라 스위치를 켜보자.

가끔 어떤 이들은 자신의 실력이나 역할이 충분하지 않은데도 다른 사람과 협력만 하면 된다고 생각하는데, 사실 이는 스스로 짐이 되는 일이다. 누군가와 협력해 함께 일하길 원한다면 자신의 밑천이 전제되어야 한다. 여기서 밑천이란 꼭 돈이 아니라 능력과 기질을 말한다. 어떤 일을 처리할 수 있는 능력이나 원만한 인간관계 혹은 통찰력 등이 있어야 한다는 뜻이다. 서로를 이해하고, 반성하고, 배우며, 서로를 의지할 수 있어야 순조로운 협력을 통해 모두가 자아실현의 기회를 가질 수 있다.

자신감이 넘치는 사람이라고 해서 상처를 안 받는 건 아니다. 유쾌한 사람도 화낼 줄 알고, 긍정적인 사람도 두려움을 느낀다. 우리가 자신의 관점에서 타인을 바라보고 상대에게 꼬리표를 붙이는 데 익숙한 나머지 잊고 있는 사실이 있다. 바로 같은

일이라도 사람에 따라 수천수만 가지의 반응이 나올 수 있다는 것이다.

때때로 협력할 때는 나와는 다른 논리를 가지고 다른 생각을 하는 사람들이 모이는 까닭에 소통과 조율이 매우 중요한 일환이 되기도 한다. 이럴 때는 상대의 욕구와 목표를 이해하고, 상대에게 자신이 얻고자 하는 것을 분명하게 알리려는 노력이 필요하다. 남들에게 필요 없는 것을 주는 것은 선의도 무엇도 아닌, 그냥 쓸데없는 짓이다. 좋은 의도에서였다는 착각은 종종 일을 그르치게 만든다.

우리가 다른 사람과의 관계에서 바라야 할 것은 바로 상호성이다.

내가 상대를 존중하면 상대도 나를 존중하고, 내가 상대를 무시하면 상대도 나를 무시하는 법이다. 물론 일을 그르치지 않으려고 잠시 허리를 굽힐 수는 있다. 하지만 절대 끝까지 뜻을 굽히며 양보만 할 수는 없는 노릇이다. 이 세상에는 줄곧 자기를 굽혀 따를 만큼 대단한 사람이 몇 안 되기 때문이다. 게다가 너무 오래 저자세를 취하다 보면 상대는 이를 당연한 것으로 받아들이게 된다. 그런데 굳이 자신을 못살게 굴 필요가 있을까?

무슨 일을 하든 다른 사람의 입장과 감정을 고려하지 않고,

타인의 욕구도 분명하게 파악하지 못한 채 그저 자신이 생각하는 노력, 자신이 생각하는 호의를 베풀겠다는 마음가짐으로 한다면 이는 자신의 기대를 만족시키는 것에 지나지 않는다. 타인에게 이는 자신과 무관한 상대의 자기만족으로 있어도 그만, 없어도 그만인 것일 뿐이다.

서로의 책임과 욕구와 기대를 존중할 때 비로소 신뢰를 쌓아가며, 서로 돕고, 보완하며 '같이'의 가치 실현이라는 목표를 향해 나아갈 수 있다.

그러니 자기 일이 잘 풀리거나 잘 풀리지 않거나, 목표를 향해 뛰어들 때나 그렇지 않을 때나 늘 친절하게 사람을 대하며 주변 사람들을 챙기자. 언제 어떻게 그들이 필요하게 될지 모르니 말이다. 적진으로 돌격할 때도 주변 사람들을 보호할 줄 알아야 한다. 목표를 공략하려면 그들이 날 보호해줄 필요가 있을지도 모를 일이기 때문이다.

24 ▲ 친절의 순환

우리가 타인에게 보인 다정한 태도는 이후 다른 형식의 온기가 되어 우리 곁으로 되돌아오게 되어 있다.

· · ·

효율성과 투자회수율을 요구하는 사회 분위기 속에서 매사에 즉각적인 보답을 바라는 건 당연한 일이 되었다. 빠르게 성과를 얻기 위해서라면 무섭게 사람을 몰아붙이고 실리를 따지는 게 정상이고, 심지어 타인의 어려움이나 감정을 무시하는 것조차 당연하게 여겨지고 있다. 물론 개중에는 선량한 마음을 품으려는 사람도 있지만, 타인에게 친절을 베풀고도 같은 대접을 받지 못하기도 한다. 진심으로 간도 쓸개도 내어주려 했다가 결국 상대에게 피도 눈물도 없는 모진 대접을 받고 강력한 늑대의 특성을 배워야만 실리를 추구하는 현실 속 경쟁에서 살아남을 수 있음을 깨닫게 되는 것이다.

그래도 나는 많은 사람이 친절과 배려를 아는 사람이 되는 쪽을 선택하고 있다고 믿는다. 다만 오랫동안 사람들에게 관심받지 못하고, 주변 사람들에게 바보라고 놀림을 받다 보니 저도 모르게 '정말 바보가 아닌가?' 하는 생각을 하게 되어 타인에게 친절해지는 일을 점점 주저하게 되고, 심지어 자신에게 잘해주는 사람을 만나도 상대의 꿍꿍이를 의심하게 되는 것이 아닐까 싶다.

확실히 지나치게 착한 사람은 결국 남에게 사기를 당하거나 무시를 당하기 쉽다. 하지만 나는 타인에게 기꺼이 친절을 베풀고 배려하는 사람이 되는 것이 여전히 올바른 선택이라고 생각한다. 내 친구 아버지의 이야기를 예로 들어보자.

친구의 아버지가 한 번은 친구에게 아주 자랑스럽게 이런 말을 했다고 한다. 회사에서 어떻게든 따내려고 공을 들이던 큰 고객의 주문서가 있었는데 자신이 그 거래를 성사시켰다고. 친구의 아버지는 그 사장님이 보통 까다로운 게 아니라 부서의 동료들이 잇따라 방문했지만, 협력 조건이 워낙 까다로운 데다 요구 사항까지 많아서 다들 난처함에 쩔쩔매다 돌아왔다고 했

다. 심지어는 협상 기회조차 얻지 못해 아무 성과 없이 그냥 돌아온 사람도 있었다고 한다. 그런데 뜻밖에도 친구의 아버지가 딱 한 번 방문하여 거래를 성사시킨 것이다.

그가 어떻게 이렇게 순조롭게 사업을 성사시킬 수 있었을까. 알고 보니 친구의 아버지가 그 사장과 중학교 동창이었던 것이다. 하지만 협상에 성공할 수 있던 진짜 이유는 그저 동창이었기 때문은 아니다. 학창 시절에 사장이 점심 도시락을 챙기지 못할 정도로 가정 형편이 어려웠는데, 마음 착한 친구의 아버지가 자신도 한창 성장기라 돌도 씹어먹을 나이였음에도 기꺼이 자신의 도시락 절반을 친구에게 나눠주었던 것이다. 두 사람은 졸업 후 뿔뿔이 흩어지면서 연락이 끊겼지만, 친구 아버지의 선의는 훗날 사장이 된 중학교 동창의 마음 깊이 새겨져 있었고, 마침내 보답할 기회가 생겼다며 흔쾌히 거래를 결정한 것이다.

누군가에게 친절을 베푸는 일은 확실히 곧바로 그 보답을 얻을 일이 아니며, 심지어 보답이 있을 거라는 기대를 할 필요가 없는 일이기도 하다. 왜냐? 언젠가는 예상치 못한 선물을 받게 될 테니까. 매 순간 따뜻하고 상냥하게 사람을 대하는 일은 다른 사람을 위해서가 아닌 나 자신을 위한 일이다. 친절은 자신을 위해 '선'의 씨앗을 뿌리는 것과 같아서 곧바로 수확할 수는 없지만, 씨앗을 많이 뿌릴수록 수확의 기회가 늘어난다. 이는 일종의 순환으로 우리가 타인에게 보인 다정한 태도는 이후 다른 형식의 온기가 되어 우리 곁으로 되돌아오게 되어 있다.

살다 보면 실수를 저지르거나 나약해지거나 고달픈 순간이 있게 마련이다. 그 순간에 우리는 다른 사람이 나를 도와주지는 않더라도 최소한 자신의 감정을 이해해주길 바랄 것이다. 비웃거나 비난한다고 상황이 나아지지는 않는다. 그러나 약간의 친절과 배려는 순식간에 그 순간을 아름답게 만들 수 있다. 한 번의 미소, 한 번의 포옹, 또는 따뜻한 격려의 말 한마디가 상대의 마음속에 불을 지필 불씨가 될 수 있는 것이다.

자신의 이익을 위해 다른 사람을 속이고 괴롭힌다면 혹은 타인에게 도움과 응원이 필요할 때 오히려 돌을 던진다면 이러한 악의 역시 돌고 돌게 된다. 다른 사람에게 상처를 준 순간에는 그에 대한 대가가 돌아오지 않을 수도 있다. 그러나 어떤 악행을 저지르든 언젠가는 또 다른 형식으로 그 대가가 돌아와 제 발등을 찍게 될 것이다.

당신이 베푼 친절이 당신의 미래를 조용히 열어가고 있다. 장기적으로 보면 우리가 누구에게 친절을 베풀든, 어떤 일에 마음을 쓰든, 모두 우리 자신을 위한 일이다. 결국, 행운은 우리가 조금씩 쌓아온 선의에서 비롯한다. 꼭 원대한 포부를 안고 유능하

고 노련한 사람이 될 필요는 없지만 적어도 착하고 성실한 사람이 되어야 한다. 선함은 등불과 같아서 주변 사람에게 온기를 줄 뿐 아니라 자신의 앞길도 밝혀줄 수 있다고 믿기 때문이다.

살면서 불시에 마주하게 되는 누군가의 악의적인 행동에도 끄떡없는 사람들이 있다. 그렇다고 그들이 정말 아무렇지도 않은 것은 아니다. 다만 그들은 자신에게 그보다 더 신경 써야 할 중요한 사람들과 일이 있음을 명확히 알고 있을 뿐이다. 곰곰이 생각해보면 우리를 짜증 나게 하는 것들은 대개 우리가 통제할 수 없는 일일 때가 많다. 우리의 힘으로 어쩌지 못하는 일이라면 굳이 나쁜 감정에 자신을 가둬둘 필요가 뭐 있겠는가. 우리가 마땅히 노력해야 할 일은 우리의 능력이 닿는 범위 안에서 최선을 다하여 할 일을 해내며, 그 형편없는 사람들과 일들을 과거로 남겨두는 것이다. 그렇게 기분이 좋아지면 자연스럽게 모든 일이 좋아질 것이다.

보답을 얻지 못하더라도 여전히 친절을 베풀며 상냥함과 다정함으로 주변 사람을 대하는 사람이 많다는 걸 안다. 시간이 지날수록 지치기도 하고, 고되다는 생각도 들 것이다. 계속 착한 사람으로 사는 데는 아주아주 많은 에너지와 용기를 꺼내야만 하기 때문이다. 하지만 당신은 이미 잘하고 있으니, 자신에게 이렇게 말해주자.

"모든 일을 네가 도와야 하는 건 아니야. 혼자 다 짊어질 필요는 없어."

가끔은 속 시끄러운 일들에서 벗어나 마음이 푹 쉴 수 있도록 자신에게 시간과 공간을 내어주자. 그러면 언젠가는 온 힘을 다 하지 않아도 잘 살 수 있을 것이다.

친절은 자신을 위해 '선'의 씨앗을 뿌리는 것과 같아서
곧바로 수확할 수는 없지만, 씨앗을 많이 뿌릴수록
수확의 기회가 늘어난다.

앞길에 장애물이 있다고 해도 괜찮다.
모퉁이를 돌아 나가 다른 길을 찾으면 된다.
인생에는 하나의 길만 있는 게 아니다.
좌절은 두려워할 것이 못 된다.
우리가 정말로 두려워해야 하는 건 좌절 후 풀이 죽어
그대로 주저앉는 것이다.

PART 4

좌절의 공로

25 나쁜 사람과
멀어지려면

최선을 다해
더 나은 사람이 되자

우리는 남들이 말하는 대로가 아니라 자신이 원하는 모습에 가까워지는 걸 목표로 삼아야 한다.

. . .

사람은 영원히 빛만 받으며 살 수 없다. 밝은 날이 있으면 흐린 날도 있듯이 가끔은 어둠 속이나 골짜기에도 있어야 비로소 자신이 가진 진짜 능력과 마음가짐을 바로 볼 수 있다.

사회생활을 하다 보면 별별 희한한 일과 사람들을 만나게 된다. 하지만 불쾌한 일이나 사람들에게 우리의 소중한 시간을 낭비해서는 안 된다. 때로는 다른 사람이 떠넘긴 일을 처리하느라 더 많은 일을 하기도 하고, 주변 사람의 잘못으로 덩달아 욕을 먹거나, 허무맹랑한 소문에 상처 입은 채 분을 삭이기 어려운

순간들이 있을 것이다. 그러나 계속 화를 내기보다 그 감정에 지지 않는 방법을 찾는 게 낫다. 기분을 더 나쁘게 만드는 데 초점을 맞출 게 아니라 자신을 더 나은 사람으로 만드는 데 인생의 초점을 맞춰야 한다.

뜻대로 되지 않은 일이 생기면 이미 일어난 과거에 얽매이지 말고 앞으로 어떻게 문제를 해결하고 또 피해 갈지 그 방법을 생각해보자. 얄미운 사람을 만났다면 상대의 장단에 맞춰 춤을 추지 말자. 자칫 스텝이 꼬이면 상대가 원하는 대로 해준 꼴이 된다. 사실 처세의 이치는 우리 모두 알고 있다. 다만 그들의 마음을 예측하고 헤아리기 어려울 뿐이다. 흔히 말하는 자유를 추구하려면 삶을 단순하게 살면 된다. 자신을 힘들게 하는 사람들과 어떻게든 섞여보겠다고 삶을 복잡하게 만들 필요는 없다. 인생은 생각만큼 길지 않고, 우리의 생명은 소중한 것인데 굳이 사서 고생할 필요가 뭐 있겠는가?

직장생활이 어렵게 느껴지는 이유는 대부분 일 때문이 아니라 사람 때문일 때가 많다. 가만히 보면 직장에서의 크고 작은 문제들이 거의 사람에게서 비롯함을 알 수 있을 것이다.

당신을 미워하고 괴롭히는 사람일지라도 당신의 도움이나 지지가 필요한 때가 있을 텐데, 능력이 있다면 당연히 힘을 보태 소통이나 일 처리를 도와줄 수 있다. 그러나 감당할 수 없는 일이라면 다른 사람에게 지원을 요청하는 것이 낫다. 남을 돕는 것도 물론 중요하다. 하지만 자신이 맡은 일과 충돌하여 양쪽을 모두 잘 끝낼 수 없는 상황이라면, 나는 조금의 주저함도 없이 내가 해야 할 일을 우선 고려한다. 이는 이기적인 것이 아니다. 결국 우리는 회사가 주는 월급을 받고 일하는 것이기에 자신이 맡은 일을 마땅히 끝내야 맞다. 당신이 관리자라면 좀 더 다층적인 고려가 필요하다. 조직의 목표와 발전을 중시하다 보면 자연히 모든 사람을 만족시킬 수 없다는 걸 알아야 한다.

좀처럼 좁혀지지 않는 동료들과의 거리에 서운할 수도 있고, 다정한 줄로만 알았던 동료에게 뒤통수를 맞고 낙담할 수도 있다. 직장에서는 원래 서로 간의 관계에 지나친 기대를 품지 말아야 한다. 자신의 작은 이익을 위해 다른 사람을 이용하거나 상처를 주는 사람은 어디에나 있게 마련이기 때문이다. 일은 돈을 벌고 자신의 가치 제고와 성취를 위한 것으로, 일 자체에 집중하여 에너지를 쏟는 편이 더 실속 있다. 나는 맡은 바 책임을 다하고 진심으로 사람을 대하면 인간관계도 그렇게 나빠지지 않는다고 생각한다. 직장에서 귀한 우정을 얻을 수 있다면 그것은 행운의 보상으로 소중히 여길 가치가 있다.

오붓한 대가족 같은 직장이 있는가 하면, 무시무시한 악마의 스굴 같은 곳도 있다. 만에 하나 실수로 그곳에 떨어지면 꽁무니 빠지게 달아나거나 자신의 실력으로 중무장하여 악마를 처치해야 한다. 누누이 강조하지만, 업무적인 능력을 키우는 건 필수다. 능력이 뒷받침되면 자연스레 발붙일 자리가 생기고, 싸우려고만 드는 악당들도 당신을 존중할 것이다. 어쨌든 그들도 싸울 상대를 저울질할 필요는 있기 때문이다. 이렇게 되면 회사가 당신을 보호할지 당신을 괴롭히는 상대를 붙잡을지 그 결과 또한 달라질 수 있다. 당신에게 충분한 능력이 있는데도 회사가 당신을 소중히 여길 줄 모르고 악당들이 날뛰도록 놔둔다면, 그래서 진짜 성과를 내는 실력 있는 직원이 퇴사를 선택하게 만든다면 그건 그들 손해다. 당신에게 충분한 재능과 능력이 있다면 어디를 가든지 다시 자신을 증명하고 재기할 기회는 있다.

한 번의 충격이나 다른 사람과의 사소한 의견 충돌을 이유로 자신을 부정하지는 말자. 자신이 문제라면 좌절을 거울삼아 성장의 계기로 삼으면 된다. 그러나 어떤 문제들은 자신이 아니라 환경에 그 원인이 있기도 하다. 그렇다면 형편없는 환경이 계속 더 성장했어야 할 당신을 옭아매지 못하도록 해야 한다.

사람들이 직업을 선택하는 이유는 노동에 대한 합당한 수입을 얻길 바라기 때문이기도 하지만 대부분은 성취감을, 적어도 안정감을, 그것도 아니면 약간의 존재감을 얻길 바라서다. 그런데 자신이 지금 하는 일에 대해 이런 감정이 없고, 심지어 이미 무감각해진 지 오래라면 더는 시간을 낭비하지 말고 일찌감치 그 환경에서 벗어나는 것도 좋은 선택이다.

세상에서 가장 내 맘대로 안 되는 게 사람 마음이다. 나를 싫어하는 사람은 내가 뭘 해도 만족하지 않는다. 그들의 뜻을 따른다고 해도 부족한 점을 찾아내 트집을 잡을 것이다. 그러니 주변 사람들의 신랄한 말이나 이래라저래라 하는 참견을 앞으로 나아가는 힘으로 삼아보자. 형편없는 사람과 멀어지기 위해서는 최선을 다해 더 나은 내가 되어야 한다. 우리는 남들이 말하는 대로가 아니라 자신이 원하는 모습에 가까워지는 걸 목표로 삼아야 한다.

<u>26</u>
▲

피하는 것
자체도

하나의
선택이다

우리가 늘 다른 사람을 신경 쓰느라 우리 자신에게 좀처럼 관심을
두지 못하고, 이런 상황이 지속되다 보면 자신의 욕구와 감정을
표현하는 데 서툴러지고, 나아가 자신이 뭘 원하는지도 모른 채
미래에 대한 막연한 두려움을 갖게 된다.

…

"엄마의 반대와 아이를 위해서가 아니었다면 진즉 이혼했을
거예요."
"친구가 부추기지만 않았어도 이 비싸고 실용성 없는 신발은
사지 않았을 거예요."
"아빠가 이 전공을 선택하라고 우기지만 않으셨어도 적성에
안 맞는 공부를 하느라 이렇게 고생하지는 않았겠죠."

가끔 사람들이 이렇게 불평하는 소리를 들을 때가 있다. 누구누구 때문이 아니었다면 자기가 현재 상황에 불평이나 하는 사람이 되지는 않았을 거라고. 확실히 이런 불평들은 현실을 이야기하고 있기에 어쩌면 맞는 말일지도 모른다. 엄마가 극구 이혼을 만류했고, 친구가 신발을 사라고 추천해주었으며, 아빠가 그 전공을 선택하라고 얘기한 건 사실일 테니까. 하지만 이러한 사실들이 현실에 등 떠밀린 결과라고 말할 수 있을까? 어쩌면 우리는 자신의 나약함과 망설임을 타인의 강요 탓으로 돌리고 있는지도 모른다.

불평하는 사람이 남 탓을 할 때는 자신의 어떤 결정이 타인의 강요로 이루어졌으며, 여전히 그 결과를 감수해야 한다는 사실을 마음속으로 이미 인정하고 있다는 뜻이다. 그런데 과연 자신에게는 정말로 선택할 권리가 전혀 없었을까? 사실 누군가가 우리에게서 선택의 자유를 빼앗아 갈 상황은 거의 없으며, 부모에게도 그럴 권리는 없다. 비록 부모들은 정서적 협박을 동원해 우리의 선택을 저지하기도 하지만……. 우리가 다른 사람에게 강요받고 속박받는다고 느끼는 진짜 이유는 스스로 선택할 결심을 하지 못해 타인의 강요와 속박에 대항할 엄두를 내지 못하거나 자신이 정말 원하는 게 무엇인지 전혀 알지 못하기 때

문이다. 그렇기에 결정을 내릴 권리를 다른 사람 손에 넘기고 마는 것이다.

사실 사람들의 문제는 대부분 자신이 진짜 뭘 원하는지 모르거나 원하는 걸 좇을 엄두를 내지 못한다는 데 있다. 그러나 남들이 기대하는 역할만 계속 맡다 보면 가장 나다운 진짜 나를 조금씩 잃게 된다. 다른 사람의 생각대로 사는 것에 익숙해지는 순간 자신의 진정한 욕구는 모호해질 수밖에 없다. 자기중심적 가치 없이 어려서부터 지금까지 타인의 기대와 규칙을 방향 삼아 자기 내면의 열망을 탐구하지 않은 채 살아왔다면 자연히 나약하고, 주관 없는 사람이 되어 맹목적으로 다른 사람에 끌려다니게 되는 것이다.

살다 보면 이런 말을 참 많이 듣는다. "나는 그가 마음을 좀 넓게 가졌으면 좋겠어", "나는 그녀가 그렇게 고집을 부리지 않았으면 해", "나는 걔가 좀 더 적극적이길 바라", "나는 그 친구가 좀 더 긍정적이고 즐거웠으면 좋겠어" 등등. 그런데 막상 그들에게 당신은 어떤 삶을 바라느냐, 무엇을 원하느냐, 뭘 하고 싶으냐고 물으면 아마 대다수는 답하지 못할 것이다. 개중에는 많은 돈을 벌고 싶다고 말하는 이들도 있겠지만, 그들에게 다시 그 많은 돈을 어떻게 벌 생각인지, 돈을 많이 벌어서 뭘 하고 싶은지를 물으면 더는 답을 하지 못할 확률이 높다.

이는 우리가 늘 다른 사람을 신경 쓰느라 우리 자신에게 좀처럼 관심을 두지 못한 탓이다. 이런 상황이 지속되다 보니 자신의 욕구와 감정을 표현하는 데 서툴러지고, 나아가 자신이 뭘 원하는지도 모른 채 미래에 대한 막연한 두려움을 갖게 되는 것이다. 다른 사람이 대신 결정을 내리도록 자꾸만 내버려두게 되는 이유는 바로 여기에 있다. 편한 데다 일이 뜻대로 풀리지 않았을 때 탓을 할 대상이 생기기 때문이다.

우리가 성장하는 데는 자아정체성에 대한 탐색이 매우 중요하다. 가정교육과 사회적 가치가 우리에게 부여한 이데올로기를 되돌아보고, 이 사상과 의식의 체계 전반에서 자신에게 유익한 것과 자신에게 적합한 것이 무엇인지 찾아내는 작업이 꼭 필요하다는 얘기다. 기존의 가정교육과 사회적 가치에 자신을 제한하거나 타인이 정한 틀에 자신을 가두지 않고, 자신에게 맞는 가치와 논리를 분별해낼 수 있어야만 진정으로 원하는 삶을 살 능력이 생긴다.

설령 실수하더라도 선택을 책임지는 일을 두려워하지 말자. 물론 실수로 인하여 지적과 비판이 날아들 수도 있겠지만 실수했으면 반성하는 게 맞다. 그렇다고 자기 자신을 깔보고, 자신을 욕받이로 만들 필요는 없다. 사람은 누구나 실수할 때가 있

고, 우리에게 가장 확실한 배움을 주어 우리를 가장 빠르게 성장시키는 건 바로 좌절과 충격이니 말이다. 그 충격과 좌절의 경험들은 우리를 더 발전시키고 더 강하게 만드는 계기가 되어줄 것이다.

자신이 정말 선택과 책임을 피할 수 있을 거라 생각하지 말고, 무사히 피해 가면 괜찮을 거란 착각도 하지 말자. 이 또한 하나의 선택이니 말이다. 우리가 인생에서 걷는 모든 걸음이 우리가 앞으로 걸어야 할 길과 최종 목적지를 결정한다. 선택하지 않으면 타인과 환경에 떠밀려 나아가게 될 뿐이다. 자신의 호불호나 가치관에 어긋나는 선택을 한다면 정말 실패하지 않을지도 모른다. 사람들의 기대를 저버리지 않았다는 생각도 들 것이다. 하지만 이는 어디까지나 자신의 꿈이 아닌 타인의 생각으로, 결국 선택을 회피한 것에 대해 자신을 원망하고 한탄하게 될 것이다.

그러니 용감하게 선택해보자. 아직 자신이 뭘 원하는지 모르겠더라도 다양하게 시도하며 지식을 넓히면 경험과 지혜가 쌓여 눈앞에 놓인 길이 갈수록 선명하게 보일 것이다.

힘이 없으면 타인의 요구와 기대에 맞설 수 없어 좌절감과 불안감이 생긴다. 그런 까닭에 주변 사람들이 자신에게 자신감과 용기를 주길 갈망하게 되고, 이로 말미암아 타인에 대한 의존도가 갈수록 높아져 심리적인 무력감 또한 가중된다. 이럴 때는 자신을 믿어보자. 모든 능력과 힘은 자기 자신에 대한 믿음에서부터 비롯한다.

27 ▲ 호전은 현재상황을

받아들이는 것에서부터 시작한다

실패 혹은 상실이 항상 나쁜 것만은 아니다. 바닥까지 내려왔다면 그곳에 누워 잠시 휴식을 취하는 것도 나쁘지 않다.

···

"가끔은 네가 괜한 걱정을 하고 비관적인 게 아니라 정말로 비참한 상황일 때가 있어."

이건 친구가 내게 하소연했을 때 분위기를 가볍게 만들고자 내가 친구에게 던진 농담이자 단도직입적으로 말한 사실이기도 하다.

'비참하다'라는 사실을 인정하는 기준은 사람마다 다 다르겠지만, 보통 어떤 처지를 두고 '비참하다'라고 말할 수 있을까? 사람은 누구나 살면서 운명이 가혹하다고 느낄 때가 있다. 배신을 당하거나, 사기를 당하거나, 온 힘을 불사르고도 실패라는 결과가 나온 순간, 사람을 잘못 만났다거나 악재가 잇따른다는 생각을 지우기 어려운 게 사실이다. 그런 까닭에 낙심하는 것도 당연하다.

우리가 슬럼프에 빠져 괴로워하고 있을 때 곁의 누군가는 분명 긍정적으로 생각하고, 좋은 쪽으로 일을 해결하라며 격려와 응원을 보낼 것이다. 그리고 또 이렇게 말하는 사람도 있을 것이다.

"잘 웃는 사람이 운이 좋은 법이야. 운이 없는 사람은 웃지 못하거든."

실패했다는 충격 속에 때로는 웃고 싶지 않아서가 아니라 그 상태로 웃어봤자 자기만 더 한심해 보이는 것 같은 느낌이 든다는 거 안다. 솔직히 말해서 사람이 진짜 슬럼프에 빠지면 대부분은 웃을 수가 없다. 그 완전한 절망 속에서는 거짓 웃음을 지어보려 해도 입꼬리가 올라가지 않기 때문이다.

인생을 살다 보면 힘을 내려 해도 좀처럼 힘이 나지 않는 시기가 있게 마련이다. 정말 잘하고 싶은데 할 수 없음을 깨달았다면 이는 자신의 능력이 아직 부족해서일 수도 혹은 나쁜 사람이나 거지 같은 일을 만나 상황을 쉽게 바꾸거나 장악할 수

없는 경우일 수도 있다. 이런 어둠의 골짜기를 지나려면 무턱대고 그저 열심히 그 골짜기를 기어오르기보다 현재 상황을 받아들여 눈을 감고 눈앞의 어둠에 적응하는 것부터 시작해야 한다. 일시적인 먹구름이 맑고 깨끗했던 당신의 마음을 뒤덮이게 해서는 안 된다.

모두가 당신이 힘들다는 걸 알고 있다. 하지만 당신이 얼마나 힘들고, 얼마나 아픈지를 진짜로 이해해줄 수 있는 사람은 몇 명 되지 않는다. 다른 사람이 나의 상처에 공감해주기를 기대하기에는 무리가 있다. 강인함과 자신감은 밖으로 드러내 보여야 하지만, 심리적 외로움이나 슬픔은 자기 스스로 마주할 수밖에 없다. 그러니 자신의 마음부터 잘 보살펴주자. 이미 일어난 현실을 받아들이고, 돌이킬 수 없다면 미래에 대해 생각하려고 노력해야 한다. 그렇지 않고 계속 과거를 되돌아본다면 나쁜 감정에 갇혀 좀처럼 빠져나올 수 없게 될 뿐이다.

실패 혹은 상실이 항상 나쁜 것만은 아니다. 바닥까지 내려왔다면 그곳에 누워 잠시 휴식을 취하는 것도 나쁘지 않다. 대단한 깨달음을 얻으라는 게 아니라 그저 결과에 승복하라는 것뿐이다. 실패를 인정하면 무거운 마음을 내려놓을 수 있고, 침잠 후 다음 도전을 마주할 힘이 생긴다.

물을 많이 먹어야 수영을 배울 수 있고, 손해를 많이 봐야 인심이 옛날 같지 않음을 이해할 수 있는 건 누구나 다 똑같다. 쉽게 뒤집을 수 없는 상황에서 포기를 선택했다고 인생의 패배자가 되는 건 아니다. 그저 자신을 소중히 여겨, 더는 형편없는 사람들이 자신을 짓밟도록 놔두고 싶지 않아서, 그야말로 답 없는 일에 자신의 삶을 망치고 싶지 않아서 내린 결정일 뿐이다. 지금 손을 놓아야만 손을 비워 앞으로 있을 더 나은 기회를 잡을 수 있다.

사람들이 좋은 일에 좋은 일을 더하길 원한다고 해서 급할 때도 기꺼이 도움을 주리라는 법은 없다. 어려울 때 손을 내밀기보다는 우물에 빠진 사람에게 돌을 던지는 사람이 더 많을 것이다. 물론 그 와중에도 선의를 가지고 적절한 도움을 주는 사람이 있고, 그런 이에게는 감사하는 마음을 가져야 한다. 한편, 상처에 소금을 뿌리는 사람도 관점을 달리하면 우리에게 성장과 학습의 계기를 마련해주는 존재라고 할 수 있다. 그렇다고 그런 이에게 감사하는 건 너무 억지스러우니 속으로 그가 걸을 때나 음식 먹을 때 조심하길 바라는 정도면 충분하다.

현재 상황을 받아들이고 충분한 휴식을 취한 다음에는 잘 소화한 경험과 깨달음을 가지고 천천히 앞으로 걸어 나가면 된다.

그 경험과 깨달음들에는 모두 의미가 있다. 거지 같은 사람과 일들이 갈수록 줄어들지는 않겠지만 우리는 날이 갈수록 자신의 마음에 순응하는 법을 배워갈 테니까. 충격이 거듭될 때마다 서서히 깨닫게 될 것이다. 싫은 사람과 일은 언제나 불시에 나타난다는 것을. 그러니 감정에 영향을 받아 오르락내리락하는 기분을 감당하기보다 자신에게 주의를 집중해 더 나은 내가 되는 데 시간을 쓰자. 부단히 자신을 단장하고, 식사에 신경을 쓰고, 열심히 일하고, 기술과 지식을 배워 자신의 삶을 더 이상적인 모습으로 만들어나가는 것이다. 그러다 보면 결국 끊임없이 자신을 추스르는 일이야말로 거지 같은 사람과 일에 얽매이지 않는 유일한 방법임을 깨닫게 될 것이다.

혹여 당신에게 큰 변화가 닥쳤다면, 자신을 둘러싼 사람이나 일들이 예전과 달라졌다거나 기대하던 바를 실현하지 못했다면 그 때문에 의기소침하거나 지나치게 자책하지 말고, 일단 마음을 가라앉힌 후 현실을 받아들이자. 그것들은 이미 다 지나간 일이니, 이후에는 괜찮을 것이다. 살다 보면 고달픈 때가 있게 마련이다. 이는 우리가 못나거나 모자라서도, 우리가 노력하려 하지 않기 때문도 아니다. 그저 어쩔 수 없는 상황이라 자신을 다시 일으켜 세우는 데 약간의 시간이 더 필요할 뿐이다. 힘들 때 온기를 준 사람에게 감사하고, 비록 완벽하진 않지만, 더 나아지기 위해 노력을 멈추지 않는 자신에게도 감사하자.

그런 다음에는 자신이 원하는 목표를 향해 나아가는 것이다. 반드시 그 목표에 도달하리라는 보장은 없지만 앞으로 나아가는 도중에 새로운 생각과 상황을 마주하게 될지도 모른다. 계속 가보지 않으면 제자리에서 그저 남들을 부러워하고 한탄만 하게 될 뿐이다. 이 과정에서 지치고 힘든 순간도 반드시 있을 테지만, 이는 우리가 착실하게 노력했다는 증거다. 성장의 과정은 고달프고, 궁핍하며, 많은 상처를 남긴다. 하지만 이 길을 지나고 나면 어제보다 더 반짝반짝 빛나는 자신을 발견하게 될 것이다.

무의미한 노력과 헌신이란 없다. 하다못해 나중에 행운이 찾아오면 마음 편히 그 행운을 즐길 수 있을 테니까.

28

뭐든
무르익기 전에는

쓴맛이
난다

우리의 인생이 끝나지 않는 한, 거듭되는 좌절과 충격은 그저 더 단단하고 더 나은 내가 되기 위한 과정에 불과할 뿐, 진정한 실패라고 할 수 없다.

· · ·

돌이켜보면 젊은 시절의 나는 스트레스 저항력이 꽤 형편없는 사람이었다. 그렇다고 일이 많아지거나 복잡해지는 걸 못 견디 하는 타입은 아니었다. 오히려 그런 단순한 일들은 질질 끄는 법 없이 일사불란하게 처리했다고 자부한다. 내가 진짜로 스트레스를 느끼고 도무지 적응할 수도 없었던 건 사내 정치와 인간관계였다. 일 자체는 많으면 많아졌지, 복잡해지는 법이 없었다. 그런 일을 복잡하고 성가시게 만드는 건 늘 주변 사람들이었고, 심지어 '대체 무슨 상관'이 있나 싶은 사람들이었다.

'복잡한 건 일이 아니라 사람이라는 것'은 일찍이 모 대기업에 재직하면서 뼈저리게 경험한 바이기도 하다. 당시 내가 다니던 회사는 업계에서 알아주는 기업으로 이후 외국 그룹에 인수되었다. 이렇게 유명한 회사에 입사했다는 사실에 물론 나는 기뻤으며, 실력을 펼쳐 보일 생각에 기대도 컸다. 그러나 입사하고 얼마 지나지 않아 이런 내 생각이 얼마나 단순했는지를 깨달을 수 있었다. 이런 대기업에서 살아남으려면 업무를 처리하고 문제를 해결하는 능력은 물론이고 인간관계에서의 공격과 방어 능력 그리고 파벌 싸움에 대응하는 예민함이 필요했기 때문이다. 신속히 진행할 수 있는 프로젝트도 부서 간의 알력 다툼과 견제로 지체되는 경우가 허다했고, 충분한 시간을 두고 기획과 준비를 할 수 있었던 일도 진행 결정이 떨어졌을 땐 이미 시간이 촉박해 결국 무리한 일정을 소화하며 가까스로 일을 끝내는 경우가 부지기수였다. 그러니 자연스레 좋은 성과를 기대하기도 어려웠다. 나는 그렇게 각박한 환경에서 도무지 일할 수가 없어서 1년도 채 되지 않아 줄행랑을 쳤다.

결과론적으로 얘기하자면 나는 패전한 장수였다. 복잡한 사내 정치를 처리할 마음이 없다고 패배를 인정한 채 돌아왔기

대문이다. 어떤 이들의 눈에는 내가 단 한 번의 공격이나 충격도 견디지 못하는 나약한 인간으로 보였을지 모른다. 생존하기 어려운 전장이긴 했지만 많은 사람이 바라 마지않는 기회를 나는 너무나 쉽게 포기했으니 말이다. 당시의 나는 확실히 성숙하지 못했다. 하지만 그때의 경험 덕분에 나의 약점이 어디에 있는지, 나에게 맞지 않는 일이 무엇인지를 정확하게 파악할 수 있었고, 내가 복잡한 직장생활을 싫어한다는 사실도 알 수 있었다. 달리 생각해보면 당시 내 앞에 놓였던 장애물과 어려움에 감사한 마음이 든다. 그 장애물과 어려움이 없었다면 어떻게 내가 나의 부족한 점을 인지하고, 깊이 사귈 만한 사람이 누구인지, 어느 길로는 가지 말아야 하는지를 알 수 있었겠는가. 장애물과 어려움이 있기에 우리는 억지로라도 해결 방법을 찾고, 이과정에서 더 강한 정신력을 갖게 되는 것이다.

뭐든 무르익기 전에는 쓴맛이 나는 법이다. 우리의 인생이 끝나지 않는 한, 거듭되는 좌절과 충격은 그저 더 단단하고 더 나은 내가 되기 위한 과정에 불과할 뿐, 진정한 실패라고 할 수 없다. 가장 중요한 건 좌절을 겪을 때마다 끊임없이 변화하는 능력을 키우는 것이다. 자신에 대한 깊은 이해를 통해 조정과 회복을 거듭하면서 현재 상황에 더 잘 적응할 수 있는 내가 되어야 한다.

이른바 용기 혹은 성장의 원동력은 좌절 앞에 분하자만 낙담하지 않는 자세에서 비롯한다. 눈앞의 타격에 분통을 터트리며 지지 않으려 하면서 이대로 끝내기를 원치 않는 마음이 있어야 계속 앞으로 나아갈 용기가 생기고, 그렇게 천천히 자신만의 길을 걸어갈 수 있게 된다. 앞길에 장애물이 있다 해도 괜찮다. 모퉁이를 돌아 나가 다른 길을 찾으면 된다. 인생에는 하나의 길만 있는 게 아니다. 좌절은 두려워할 것이 못 된다. 우리가 정말로 두려워해야 하는 건 좌절 후 풀이 죽어 그대로 주저앉는 것이다.

나는 여전히 복잡한 사내 정치를 좋아하지 않는다. 하지만 적어도 스스로 무리해서는 안 된다는 걸 알기에 선택할 수 있을 때 가능한 한 단순한 환경을 선택하는 편이다. 눈에 띄는 약점들도 자신이 앞으로 나아가는 데 영향을 주지 않는 정도로만 조정하면 별다른 약점이 되지 않는다. 자신이 나아갈 방향이 어디이고, 자신에게 필요한 게 무엇인지를 분명히 알자. 그러면 길에서 떠나간 사람들은 놓친 게 아니라 그냥 지나간 것이 되고, 길 위의 울퉁불퉁한 돌들도 장애물이 아닌 풍경이 되어 아무런 영향을 주지 못한다. 그리고 그렇게 결국 우리는 목적지에

도달할 수 있을 것이다.

　일이 뜻대로 되지 않으면 괴로운 게 당연하다. 그러나 마음을 가다듬어 옳은 방법을 찾아내면 내일이 바로 순조로운 날의 시작이 될 것이다.

29

결국
헤어지기에

더소중히
해야하는인연

최선을 다해 마음을 나눠주고 곁을 내어줄 수 있는 사람이 되자.
그렇다고 다른 사람에게 간도 쓸개도 빼줄 필요는 없다. 상대가
필요로 할 때, 딱 그만큼의 적당한 상냥함으로 따스함을 나눠주면
된다.

...

간혹 정이 두터웠던 친구나 각별한 우정을 나눴던 동료도 결
국에는 조금씩 멀어질 수밖에 없나 보다 하고 탄식하는 사람들
이 있다. 그런데 사람과 사람 사이의 정은 우리의 생각보다 얄
팍한 것이어서 몇 주 연락을 안 하거나 몇 달 얼굴을 보지 않으
면 어느샌가 멀어지게 되어 있다. 정을 중시하는 감성적인 사람
들은 이러한 상황을 마주하게 되면 마음 아파하고 심지어 좌절

감을 느끼기도 한다.

그런데 내가 아직 어린 나이일 때 깨달은 바가 있다. 바로 '사람은 결국 헤어진다'라는 것이다.

이렇게 말하면 분명 누군가는 내가 너무 비관적이라고 생각할 텐데, 어쩌면 정말 그럴지도 모르겠다. 성장 과정에서의 경험이 한 사람의 사고방식과 관념을 결정짓는다는데, 나는 어려서 부모님과 생이별해 여러 친척 집을 전전하며 자랐기 때문이다. 그렇게 한 번씩 집을 옮겨 갈 때마다 내게는 만남과 헤어짐이 시작되었다. 선생님과 반 친구들에게 작별 인사를 해야 했고, 친한 친구들과 이별해야 했으며 오래 슬퍼할 틈도 없이 다시 새로운 환경에 적응하여 또 다른 사람들과 교류해야 했다. 이런 일들의 반복은 나를 꽤 두렵고 불안하게 만들었다. 나는 작별 인사하는 것이 싫었고, 사람들과의 교류에도 서툴렀다. 어쩌면 그렇기에 사람들과 약간의 거리를 유지할 줄 알게 된 것인지도 모르겠다. 이렇게 하면 인간관계로 말미암아 마음 다칠 일도 없고, 또다시 이별의 순간이 찾아와도 그리 아쉽거나 슬프지 않을 거라 생각했으니까.

사람들이 서로 한데 모이는 이유는 어떠한 일이 벌어졌기 때문일 수도 있고, 현재 상황 때문일 수도 있으며, 무엇보다 같은 호불호와 가치관을 가졌기 때문일 수도 있다. 그런데 반대로 또 다른 일이 벌어지거나 현재 상황이 변화해서 혹은 가치관에 차이가 생겨서 점점 멀어질 수도 있는 것이다.

세월은 소리 없이 흘러가고, 그 안에서 우리도 조금씩 변화하고 있다. 모두가 현재 상황에 충분한 행복을 느끼고 있다면 같은 방향으로 함께 변화할 수도 있겠지만, 대개는 서로가 다른 방향으로 변화하여 원래 친하고 가까웠던 사람과도 결국에는 낯설고 소원한 사이가 되고 만다.

그렇더라도 우리에게는 사람과의 연결이 필요하다. 특히 누군가에게 인정받고, 이해받으며, 필요한 사람이 되는 그런 친밀감은 우리의 삶에 더 큰 의미와 가치를 더해주고, 이 세상과 긴밀한 관계를 유지할 수 있게 해준다. 그런 까닭에 한때 긴밀했던 이 연결고리가 어느 날 상대에게 소홀히 여겨지고 심지어 버려지면 감당하기 어려운 것이다. 부득이하게 손을 놓아야 했던 아쉬움과 애초의 친밀함은 이후 서로를 다시 만난다 해도 되찾을 수 없기에 그때의 아름다웠던 시간은 우리의 마음속에 고이 넣어두고 그리워하는 수밖에 없다.

‘사람은 결국 헤어진다.’

지금은 안다. 지난날처럼 회피와 무관심으로 누군가에게 이해받고, 필요한 연결고리가 되고 싶은 마음 혹은 상실의 고통에

직면하는 걸 두려워하는 마음을 숨기지 말아야 한다는 걸. 이번 생에 만나는 모두와는 결국 헤어지기에 주변 모든 사람과 만나고, 알아가고, 아껴주는 일을 더욱 소중히 여겨야 함을. 우리는 으리의 인생과 시야를 더 풍성하게 만들어주는 모든 만남에 감사해야 한다. 설령 언젠가는 어쩔 수 없이 이별해야 하는 순간이 온다고 하더라도 그들과 함께 나누고 공유했던 모든 것에는 여전히 의미가 있으며, 이는 영원히 사라지지 않고 우리의 삶의 흔적 속에 늘 존재할 것이기 때문이다.

최선을 다해 마음을 나눠주고 곁을 내어줄 수 있는 사람이 되자. 그렇다고 다른 사람에게 간도 쓸개도 빼줄 필요는 없다. 상대가 필요로 할 때 딱 그만큼의 적당한 상냥함으로 따스함을 나눠주면 된다. 이는 단순히 곁에 있는 사람을 친절하게 대하는 것을 넘어 친절을 베푸는 매 순간 자신을 조금씩 성장시키는 방법이기도 하다.

친했던 사람과 멀어지거나 헤어지더라도 한때 서로를 의지하며, 마음을 편안하게 만들어주었던 당시의 우정에 감사하자. 그러면 훗날 자신을 위해 우산을 받쳐줄 사람이 없어 온몸으로 바람을 맞더라도 몸이 젖는 것에 아랑곳하지 않고 계속해서 앞으로 나아갈 수 있다. 언젠가는 곁에 있던 사람이 떠나거나 홀로 나아가야 하는 순간 혹은 서로에게 더 중요한 일을 찾아 각자의 길을 가야 하는 날이 올 것이다. 이로 말미암아 아쉬움과 안타까운 마음이 드는 건 피할 길이 없겠지만, 그렇더라도 아름다웠던 그 기억을 가슴에 품은 채 자신의 길을 향해 나아가야 한다.

어쨌든 그때의 우리 모습을 잘 기억하고, 우리에게 남은 하루하루를 잘 살아내야 한다. 언젠가 우리가 좋은 모습으로 다시 만날 수 있기를 기대하면서.

30 ▲

연애 실패를
경험하면

자신의 장점을
더 잘 알 수 있다

모든 후회와 아쉬움은 사랑의 모난 부분을 더 잘 파악하고, 자신을 귀히 여기는 마음을 더 소중하게 생각하는 데 훌륭한 자양분이 되어줄 것이다.

• • •

분명 상처를 받았는데도 상대의 곁에 계속 남기로 했다면, 그 선택으로 더 아파질 사람은 자기 자신이다. 외로움을 느끼면서도 여전히 그와 함께하는 것은 자신을 더 외롭게 만들 뿐이다.

우리는 항상 무엇이든 묵묵하게 견뎌내는 데 익숙하다. 좀처럼 괴로운 마음을 털어놓는 일이 없으며, 관심과 배려를 바라지 않고, 주변 사람에게 걱정을 끼치고 싶어 하지 않는다. 왜냐하건 어릴 때부터 성숙하게 굴어야 한다, 남에게 쉽게 약한 모습을 보이면 안 된다, 독립적이어야 한다, 용감해야 한다, 강인해야 한다, 그래야 남들에게 무시당하지 않고, 다른 사람에게 폐를 끼칠 일도 없다고 배워온 까닭이다. '성숙하고 철든 사람'이라는 꼬리표를 다느라 더는 자신이 원하는 것을 적극적으로 쟁취하지 못하고, 원하지 않는 것을 거절하지도 못하며 자신을 억울하게 만들기 시작하는 것이다.

하지만 나는 그저 성숙하게 대처하고 약한 모습을 드러내지 않는데 익숙한 우리가 그리고 아름다웠던 과거에 미련이 남은 우리가 꼬일 대로 꼬여 외로움과 상처만 남은 연애를 제대로 마주하고 싶어 하지 않을 뿐이지, 앞으로 어떻게 나아가야 할지는 누구보다 잘 알고 있다고 믿는다. 그렇다. 서로를 옭아매 함께 고통의 늪에 빠질 게 아니라 각자 자신에게 더 어울리는 길을 찾아 나서 더 나은 사람이 되어야 한다.

연애의 끝은 실패가 아니다. 오히려 서로에게 도움을 주는 일이다. 물론 그동안 상대에게 쏟았던 감정이 아까울 수 있다. 그러나 그 모든 후회와 아쉬움은 사랑의 모난 부분을 더 잘 파악하고, 자신을 귀히 여기는 마음을 더 소중하게 생각하는 데 훌륭한 자양분이 되어줄 것이다.

현실과 타협하며 그저 적당히 참고 양보한다고 철든 어른이

되는 건 아니다. 계속 상처를 주는 사랑 앞에 그 상처를 치료할 용기를 내고, 상처를 소독하고 진물을 걷어내는 고통을 견딜 줄 알아야 한다. 그래야만 더 빠른 치유와 회복을 할 수 있다.

처음에는 당연히 괴롭고 마음도 편치 않을 것이다. 그러나 어느 정도 시간이 지나고 나면 상대에게 고마움을 느끼는 정도까지는 아니더라도 다시 새로운 삶을 얻어 다행이라고 생각하게 될 것이다. 나를 아낄 줄 모르는 사람이나 나와 어울리지 않는 사람과 헤어질 수 있다는 건 사실 축복이기 때문이다.

우리의 인생에는 사랑을 포함해 무수히 많은 선택지가 존재한다. 잘못된 선택을 했다면 담담하게 그 잘못을 인정하면 된다. 싫어하는 마음을 가득 안고 억울함과 슬픔 속에 자기를 가둬둘 바에야 다시는 그 누구도 나를 망가뜨리지 못하게 만들겠다는 결단을 내리자. 그런 다음 상처받은 자신을 제대로 아끼며 정성껏 보듬어주겠다고 자신과 약속하는 것이다.

그저 시간이 필요할 뿐, 점점 더 나은 하루가 펼쳐질 거라고 믿어야 한다. 물론 사랑에 상처를 받고도 또 다른 사랑을 기대할 수 있다. 하지만 많은 경험을 하고 나면 가장 믿음직한 건 역시 자기 자신이라는 걸 알게 될 것이다. 한때 깊이 사랑했던 사람과 헤어진다는 건 당연히 괴로운 일이다. 그러나 모두 알다시

피 그 관계 속에서 행복하지 않았다면 뭐든 다 포기할 수 있어도 단 하나, 자기 자신만은 포기해서는 안 된다.

몇 번의 아픔을 겪고 나면 알게 된다. 자기가 자신에게 안정을 줄 수 있다면 그것이야말로 일생의 가장 귀한 재산이 될 거라는 걸 말이다.

자신의 행복을 온전히 다른 사람에게 걸어서는 안 된다는 것, 자신의 눈물로 사랑에 대한 용기를 증명하려 해서도, 자신의 억울함을 참아가며 상대의 이기심을 만족시켜주려 해서도 안 된다는 걸 천천히 이해하게 될 것이다. 진짜 아름다운 사랑을 하고 있다면 자기 최면으로 자신을 속일 필요가 없고, 상대가 진정으로 나를 소중하게 여길 줄 아는 사람이라면 내가 묵묵히 슬픔과 외로움을 견디게 두지 않을 것이다. 두 사람이 함께 길을 걷기로 했다면 절대 내가 혼자 외롭게 걷도록 놔두어서는 안 된다. 두 사람이 함께 걸으며 상대와 그 여정과 시간을 소중히 여겨야 한다. 그렇지 않다면 차라리 혼자 천천히 걸어갈지언정 사랑의 소중함을 모르는 사람에게 시달리며 길을 잃고 같은 자리를 맴돌 필요가 없다.

이제 용기를 내어 눈앞의 심연에서 벗어나자. 그런 다음 슬픔을 떨쳐버릴 수 있도록 자기 자신에게 집중하여 한때 마음을

쏟았던 관계에 제대로 작별을 고하자. 우리에게는 한동안의 휴식이 필요하지만 그렇다고 정체할 필요는 없다. 그저 천천히 걸으면 된다. 더 단단해지기 위한 시간이 필요할 뿐이니 절망하지 말자. 당신은 자신이 어떤 모습이어야 하는지, 어떤 삶을 살아야 하는지 이미 조금씩 깨닫고 있을 것이다. 그러니 이제 천천히 한 발짝 한 발짝 그곳을 향해 나아가기만 하면 된다.

지난날에 우리가 잃어버린 것들은 그냥 그대로 사라지지 않고 다른 모습으로 우리에게 돌아올 것이다. 우리가 겪은 나쁜 일들도 마냥 나쁘지만은 않다. 그 경험으로 더는 바보같이 남이 내게 잘해주길 기다릴 필요가 없다는 걸 알게 되었을 테니까. 자신의 장점을 믿고, 앞으로 분명 점점 더 나아질 거라고 믿자.

31

날공격한
사람에게

억지로고마워할
필요는없다

자신을 놓아줄 줄 알아야 한다는 건 눈 가리고 아웅하라는 뜻도, 자신의 감정을 억누르라는 뜻도 아니다. 감정을 분출할 수 있는 출구를 찾아 뒤죽박죽 엉망이었던 기분들을 탈탈 털어낼 줄 알아야 한다는 의미다.

• • •

앞에서도 언급했지만 나는 아주 어릴 때부터 부모님이 곁에 없었다. 그런 까닭에 일찌감치 자립해 자기 자신을 돌볼 줄 알아야 했지만, 나는 딱히 머리도 좋지 않고 반응도 느린 데다 이렇다 할 특기도 없어 무슨 일을 하든 맨땅에 헤딩하듯 일단 들이대고 볼 수밖에 없었다. 그러다 보니 실패와 좌절을 밥 먹듯 했고, 그 덕분에 적잖은 교훈을 얻기도 했다. 지금 생각해보면

이런 일들이 내게는 반드시 거쳐야 할 배움의 과정이 아니었나 싶다. 적어도 반성의 기회가 생겨 더는 똑같은 실수를 하지 않게 되었고, 내가 맞는 길을 분별해낼 수 있게 되었으니 말이다. 사실 우리는 모두 자기를 탐색하고, 의심하고, 충격을 버텨내는 일련의 과정을 거치면서 비로소 조금씩 성장한다. 다른 사람들은 우리가 과거에 얼마나 많은 일을 경험하고서야 태평해 보이는 지금의 모습을 갖게 되었는지 잘 알지 못한다.

나는 나름대로 운이 좋은 사람이다. 물론 스스로 포기하지 않고 노력도 많이 하긴 했지만, 지금까지 인생이라는 길을 걸어오면서 한 계단 미끄러져도 다시 두 계단 뛰어오를 수 있었던 데에는 중요한 순간마다 내게 손을 내밀어준 사람들이 있었기 때문이다. 그러나 큰 나무엔 마른 가지가 많듯 내 주변엔 착한 사람들도 있었지만, 나를 업신여기고 상처를 주는 사람들도 없지 않았다. 내가 인생길에서 넘어졌던 경험은 대부분 나의 부족함과 미성숙함에서 비롯했지만, 가끔은 누군가 고의로 뻗은 발에 걸려 정말 크게 넘어지기도 했다. 그러고 보면 인생의 모든 만남에는 나름의 의미가 있다. 함께할 친구로서 우리의 인생에 등장하는 사람이 있는가 하면, 어떤 이는 우리를 시험하러 오기도 하고, 또 어떤 이는 그와 같은 사람이 되지 말라는 경고를 해주기도 한다.

　물론 이 세상은 아직 따뜻하다. 하지만 그렇다고 마냥 순진하게 약육강식의 현실을 보고도 못 본 척할 수는 없는 노릇이다. 약할수록, 남과 다투려 하지 않을수록 악의를 가진 사람들은 갈수록 더 의기양양하며 제멋대로 굴 테니까. 스스로 강해져 자신의 선을 굳게 지킬 수 있어야만 세상은 나를 존중하고, 친절하게 대할 것이다. 그래서 나도 늘 잊지 않으려고 노력한다. 넘어졌을 때 손잡아줄 사람이 있다는 건 행운이요, 자기 힘으로 일어날 수 있는 것이 실력이라는 사실을 말이다.

　쓰레기 같은 인간을 몇 번 만나봐야 사람 마음이 악하다는 걸 알 수 있듯, 역경은 우리를 성장하게 한다. 하지만 그렇다고 자신을 공격한 사람에게 억지로 고마워할 필요는 없다. 정말로 우리를 성장하게 한 건 자신의 노력과 꿋꿋함이기 때문이다. 우물에 빠진 사람에게 돌을 던질 줄만 아는 그 형편없는 사람들은 우리에게 감사받을 자격이 전혀 없다. 괴로움은 모두 지나갈 것이다. 우리가 점점 더 나은 사람이 되면 나쁜 사람들과는 자연스레 멀어지게 될 테니까.

　대부분의 일은 성과가 나오기까지 준비의 시간이 필요한데, 그중에는 꼭 능력이 아니라 꾸준함이 중요한 열쇠로 작용하는 일도 많아서 내가 더 나은 사람이 되면 기회는 자연스레 늘어

나게 되어 있다. 그러니 우리가 지나온 불편하고 난감했던 시간을 하늘이 우리에게 준 과제였다고 생각하자. 고생스럽긴 하지단 먼 길을 돌아가야 혹은 발걸음을 늦춰야 볼 수 있는 의외의 풍경도 있는 법이니까. 사람들은 노력보다 타고난 재능이 중요하다고 말하지만, 타고난 재능이 없다고 사회에서 꼭 도태되는 건 아니다. 사회에서 도태되는 사람은 운명과 환경 탓만 늘어놓으며 자기를 반성할 줄 모르는 사람이다.

내가 페이스북에 썼던 글 중 많은 독자에게 호응을 얻은 게시글이 있다.

때로는 당신이 비관적인 게 아니라 정말로 비참한 것이다.
때로는 당신의 생각이 많은 게 아니라 그들이 정말로 비열한 것이다.
그러나 내려놓음을 선택하고, 다시 시작하기를 선택하는 것은 그 누구와도 상관없는 자신의 문제다.
가능한 한 감정이라는 굴레에 갇히지 않아야 편히 살 수 있다.
부당한 대우를 받았다고 생각하는 자신에게 이별을 고하자.
우리가 다른 사람을 통제할 수는 없지만 적어도 자신의 마음가짐은 다잡아보려 노력할 수 있지 않은가.

한 발 짝만 내디뎌보면 눈앞의 곤경에서 벗어날 기회가 생긴다.

나는 여태껏 모든 사람이 나를 좋아하고 나를 받아줄 거라는 기대는 해본 적이 없다. 그저 내가 중요하게 생각하는 몇몇 사람도 나를 좋아해주면, 그것으로도 충분하다고 생각한다. 우리에게 상처를 주는 사람은 귀인이 아니라 나쁜 사람일 가능성이 크다. 그들이 어떤 사람인지를 어떻게 정하느냐는 자신이 어떤 마음으로 상대를 대하느냐에 달려 있다. 여기에 정답과 오답은 없다. 마음을 편안하게 내려놓을 수 있다면 그것이 최고의 마음가짐이다.

자신을 부정하고 괴롭히는 사람에게 고마워하려 애쓸 필요는 없다. 그들이 우리 삶에 줄곧 영향을 주도록 놔둬서도 안 된다. 그렇다고 상대를 용서하라는 게 아니라 지나간 일과 형편없는 사람들이 자신의 밝은 미래를 더럽히지 못하도록 해야 한다는 뜻이다. 자신의 마음이 편안한 게 중요하니 가능한 한 감정이라는 우리 안에 갇히지 않도록 하자. 남의 언행을 통제할 수 없다면 적어도 자신을 놓아줄 줄 알아야 한다. 자신을 놓아줄 줄 알아야 한다는 건 눈 가리고 아웅하라는 뜻도, 자신의 감정을 억누르라는 뜻도 아니다. 감정을 분출할 수 있는 출구를 찾아 뒤죽박죽 엉망이었던 기분들을 탈탈 털어낼 줄 알아야 한다

는 의미다.

　어떤 일을 할 때마다 다른 사람들이 하는 말을 들으려고 하면 오히려 어떻게 해야 좋을지 갈피를 잃게 된다. 남들의 말은 아무리 들어도 끝이 없을 테니까 말이다. 사람마다 성장 배경과 가치관이 다 다르기에 그들은 진짜 나를 이해할 수 없다. 심지어 그들 중에는 자기 자신조차도 이해하지 못하는 사람들이 있는데, 이런 이들이 어떻게 내게 올바른 의견을 줄 것이라 기대할 수 있겠는가. 하물며 사람은 다르기에 각자에게 맞는 방법도 다 다를 수밖에 없다. 내가 가고 싶어 하는 길을 남들은 가본 적이 없다면 그들의 말은 그저 참고용일 뿐이다. 다른 사람의 비판에 자신을 부정하지 말고, 남들이 말하는 불가능에 자신의 한계를 정하지도 말자. 시시하고 한가한 사람들이 줄곧 방해 공작을 펼치더라도 자신에게 확신만 있다면 우리는 점점 더 나은 인생을 살 수 있고, 그러다 보면 자신을 괴롭히던 방해 공작들도 갈수록 줄어들게 될 것이다.

　내가 틀렸다고 확신하는 사람에게는 아무리 조리 있게 조목조목 설명해도 그저 변명에 지나지 않을 것이며, 그는 나에게 잘못을 인정하지 않는 사람이라는 낙인을 찍을 것이다. 그렇다고 아무런 설명을 하지 않으면 내가 틀렸다는 걸 묵인하는 것으로 여길 것이고, 만에 하나 화를 냈다가는 켕기는 게 있으니 부끄러워 화를 낸다고 해석할 것이다. 선입견과 편견이란 이런 것이다. 그러니 이를 당장 되돌릴 수 있을 거라는 생각도, 귀신이 사람의 말을 알아들을 거라는 기대도 하지 말자. 누군가 내게 많은 오해를 하고 있다면 사실을 있는 그대로 이야기하고 사람으로서 할 수 있는 일을 하되, 자신이 할 도리를 다한 후 나머지는 운명에 맡기자. 자신의 본분을 다해 실력으로 자신을 증명한다면 시간은 나의 편이 되어줄 것이다.

다른 사람이 나에게 붙인 꼬리표는 그의 선입견일 뿐이다. 이런 꼬리표는 얼마든지 떼어낼 수 있으니, 여기에 휘둘리지 말자. 그리고 늘 기억하자. 내가 다른 사람을 바꿀 수 없다면 당연히 남도 나를 바꿀 수 없다는 것을.

자신의 길을 고집하는 사람 주변에는 늘 그를 부정하고 비웃는 사람들이 있게 마련이다. 이런 사람들을 상대하는 가장 좋은 방법은 그들이 하는 공허한 말들을 뒤로한 채 목표를 향해 계속 나아가는 것이다. 이 세상이 우리에게 편안한 환경을 제공해주지 못하더라도 우리에게는 그러한 환경에 적응할 수 있도록 감정을 조정할 능력이 있다. 어떤 일에 자신의 온 힘을 다했다면 마지막에 꼭 성공하지 못하더라도 그 안에서 반드시 성장할

수 있다. 자신에게 떳떳하다면 그건 실패한 게 아니라 더 나은 내가 되기 위한 준비 과정일 뿐이다. 노력했기에, 마음을 다했기에 행운의 보살핌도 쉽게 얻을 수 있는 것이다.

32

지나가면
괜찮다

이른바 긍정적인 사고방식이란 뭐든 좋은 쪽으로만 생각하는 게 아니다. 감정이라는 감옥에 갇혀 우리의 시야가 어둠에 국한되지 않도록 일의 다양한 면을 찾아내어 밝은 면도 있음을 발견하는 것이다.

• • •

몇 년 전 언론매체를 통해 일본에 '아저씨 대여' 서비스가 등장했다는 사실을 알게 되었다. 의뢰인이 비용을 내고 말 그대로 아저씨를 빌려 쓰는 서비스였는데, 이때 아저씨는 의뢰인과 함께 단순히 함께 시간을 보내기도 하고, 상담을 제공하기도 하며, 장보기와 청소 등을 도와주는 역할을 한다고 했다. 이후 타이완에서도 누군가가 비슷한 서비스를 출시하여 의뢰인과 함

께 저녁을 먹으며 전문적인 조언이나 경험을 나누는 서비스를 제공하기 시작했다. 여기서 힌트를 얻은 나도 친구들의 응원에 힘입어 개인 홈페이지에 '아페이 아저씨를 빌려드립니다'라는 프로젝트의 구상안을 내놓고 필요한 구독자들의 예약을 받아 다화와 상담 외에도 '자미두수 인생 지도'라는 서비스를 제공했다. 그러나 평소 일이 바빠 시간적인 한계가 있었고, 결국 해당 프로젝트는 여전히 시범운영 단계에 머물러 있는 상태다. 그런 까닭에 SNS에 따로 게시하거나 대대적으로 홍보를 하진 않았는데, 그래도 여전히 적잖은 사람이 상담 예약을 하고 있다.

사람들이 내게 주로 상담을 신청하는 문제는 크게 두 가지로 나뉘는데, 그것은 바로 연애와 일이다. 연애와 일이 우리의 삶에서 일상의 중심이라 할 수 있을 정도로 꽤 큰 비중을 차지하는 만큼 이는 어느 정도 예상된 일이긴 했다. 일은 자신의 성취와 가치를 드러내는 하나의 도구이고, 연애는 우리에게 정서적 만족감과 안정감을 가져다주는 행위이니 당연히 모두의 주요 관심사가 될 수밖에. 어떤 사람은 이별을 망설이고 있었고, 어떤 사람은 삼각관계에서 자신이 어떤 선택을 해야 할지 고민 중이었으며, 또 어떤 사람은 어긋난 사랑을 되돌릴 수 있기를 바라기도 했다. 한편 이직을 고민하는 사람이 있는가 하면, 창업을 하기 전 긴가민가 망설이는 사람도 있었으며, 자신에게 맞는 일이 뭔지 당최 모르겠다며 걱정하는 사람도 있었다. 일과 연애가 우리 삶에 큰 비중을 차지하는 만큼 이에 관한 문제가 생기면 우리의 삶이 뒤엉킨 실타래처럼 엉망이 되기에 원래의 모습을 되찾으려면 반드시 그 실마리를 찾아야만 했다.

　이 외에 내게 상담하러 오는 사람도 두 가지 유형으로 나눌 수 있는데, 그중 하나는 이미 자신의 정견을 가지고 있지만, 누군가 등 떠밀어줄 사람이 필요한 유형 그리고 다른 하나는 어떤 선택을 하든 명확한 차이가 없다고 느껴 우왕좌왕하는 유형이었다. 이미 자신이 생각한 바가 있는 사람의 경우 일의 장단점이나 적합성 등을 대신 분석해주고 나머지는 그의 결정에 맡기는데, 그러면 그저 시기에 차이가 있을 뿐, 대부분은 결국 자신이 마음먹었던 대로 밀고 나갔다. 한편, 자신이 가진 선택지에 대해 이렇다 할 차이를 느끼지 못하는 사람에게는 스스로 마음만 먹으면 실은 어떤 선택을 해도 괜찮다는 사실을 깨달을 수 있도록 얘기해주는 편이다.

　곰곰이 생각해보면 인생의 고비가 닥쳤을 때의 최대 난제는 늘 '결심'에 있는 것 같다. 늘 평온할 수만은 없는 삶 속에서 주저하는 사람은 환경과 마음가짐에 쉽게 제약을 받지만, 적극적인 사람은 최선을 다해 변화를 꾀한다.

　이혼과 이직을 예로 들면 이혼이나 이직을 하고 안하고는 그저 취사선택할 뿐, 완전히 좋은 선택도 또 나쁜 선택도 없다. 그런데 어떤 면에서 보면 이 둘은 사실 매우 비슷한 결을 가지고 있다. 솔직히 떠나는 것을 선택하기란 남아 있기를 선택하기보다 더 어렵고, 더 많은 용기가 필요한 일이다. 사람은 현재 상황을 바꿔야 할 때 불안함을 느끼기 때문이다. 우리를 진정으로 결심하게 만드는 순간이란 그야말로 참을 만큼 참았지만 더는 참을 수 없을 만큼 형편없어 마음을 먹기에 그 어떤 용기도 필요하지 않은 때이다. 고민하고 망설이는 사람들은 대부분 '짜증나긴 하지만 어지간하면 넘어갈 수도 있을 것 같고' 또 '그저 기대에 미치지 못할 뿐이지, 그렇게 나쁜 건 아닌' 상황에 놓여 있다고 볼 수 있는 것이다. 이럴 때는 가장 무식하지만 가장 단순한 방법이 도움 된다. 바로 종이 한 장을 꺼내 직장생활 또는 결혼생활의 장단점, 자신이 기대하는 바와 현재 상황의 차이를 하나하나 나열해보는 것이다. 이러한 과정을 통해 자기의 생각을 정리하고 나면 장단점의 차이가 클 때 본인이 어떤 선택을 해야 할지가 분명해질 것이다. 자신의 내면적 욕구를 잘 생각해보면 상대적으로 올바른 취사선택을 할 수 있다.

　사랑에 공평함을 논하기란 어렵다. 사랑은 감정과 가치를 논해야 하는 문제다. 두 사람이 함께하는 시간은 무겁지 않고 편안해야 하며, 서로를 대할 때는 제멋대로가 아니라 진지해야 한다. 천천히 서로에게 맞춰가되 서로를 좀먹어서는 안 되며, 함께 슬퍼할 수 있지만 계속 괴로움을 견디며 함께할 필요는 없다. 아름다운 사랑이란 나 혼자 마음을 내어주더라도 진심으로 상대를 위해 기뻐할 수 있는 마음이다. 이런 마음이 없다면 진짜 이유를 반드시 생각해봐야 한다.

사랑에서 가장 중요한 것은 기쁨과 안정감이다. 이 두 가지가 없다면 떠날 결심을 해야 맞다. 지금까지 살아오면서 느꼈겠지만, 사랑을 포함한 모든 일에는 선택이 불가피하다. 잘못된 선택을 했다면 달갑지 않은 마음을 안고 자기를 억울함과 아픔 속에 가두기보다 잘못 선택했다는 사실을 인정하고 그 누구도 자신을 망치지 못하도록 결단을 내려야 한다. 자신을 소중히 여기지 않는 사람에게 줄곧 마음과 시간을 쓰는 일은 자신을 괴롭히는 일이자 자신에게 불필요한 벌을 주는 일이다. 우리가 제대로 관심을 가져야 할 만한 대상은 바로 자기 자신이다. 시간이 조금만 지나면 알게 될 것이다. 그때 떠나길 잘했다고, 그래서 비로소 다시 자신의 삶을 살 수 있게 되었다고 말이다.

여의찮은 일에 관한 생각을 떨쳐버리지 못하고, 미련을 내려놓지 못하는 사람이 있을 뿐, 우리가 가지 못할 길이나 바꾸지

못할 방향이란 없다.

커리어를 개발할 때는 자신이 무엇을 하기에 적합하고 또 무엇을 좋아하는지를 먼저 찾아야 한다. 요즘은 직업적성검사나 성격검사 등 자신에게 적합한 삶의 방향과 중심을 찾는 데 도움을 주는 도구가 많으니, 이를 잘 활용해보자. 자신이 가고 싶은 길을 빨리 찾을수록 불필요한 삶의 굴곡들을 덜 겪을 수 있을 테니까. 물론 탐색 과정에는 분명 좌절의 순간도 있을 것이다. 환경이 맞지 않거나, 함께 일하는 동료와 손발이 맞지 않을 수도 있고, 업무 내용 자체가 마음에 들지 않을 수도 있다. 그러나 이처럼 자신이 통제할 수 없는 일에는 오래 괴로워할 필요 없이 마음가짐을 다잡고 다시 출발하면 된다.

이른바 긍정적인 사고방식이란 뭐든 좋은 쪽으로만 생각하는 게 아니다. 감정이라는 감옥에 갇혀 우리의 시야가 어둠에 국한되지 않도록 일의 다양한 면을 찾아내어 밝은 면도 있음을 인지하는 것이다.

예를 들어 '저 사람은 왜 날 싫어할까? 내가 뭘 잘못했나?'라는 생각은 '나와 주파수가 맞지 않는 사람은 있게 마련이니, 너무 애쓰지 말자'라고 바꿔볼 수 있다. '내가 이렇게 형편없으니 잘 살 수가 있나!'라는 생각 대신 '지금은 상황이 좋지 않지만 조금씩 좋은 쪽으로 변화를 꾀해보자!'라고 생각해보고, '나 자신을 조금 더 챙기고 싶은데 그럼 너무 이기적인 걸까?'라는 생각은 '나를 잘 돌보면 자연스럽게 주변 사람들도 잘 돌볼 수 있을 거야'라고 바꿔 생각해보자.

생각을 바꿔보라는 말은 흑백 논리를 뒤집거나 눈뜨고 거짓말을 하라는 뜻이 아니라 감정에 가려진 출구를 찾아야 한다는 의미다. 그 출구를 찾아 나오면 눈앞에는 더 넓은 세상이 펼쳐질 테니까.

직장생활에서든 일상생활에서든 사람은 누구나 각자의 역할을 해내며 살아간다. 자신이 어떤 사람이 되고 싶다거나 혹은 어떤 역할을 반드시 맡아야겠다면 열심히 조정하고 최선을 다하여 그 역할을 해내면 된다. 다른 사람이 무슨 연기를 어떻게 하는지는 그들의 몫으로 우리가 관여할 일이 아니다. 인생이라는 연극에서 우리의 연기에 영향을 받지 않도록 하면 그것으로 됐다.

인생이라는 여정에서 우리는 많은 사람을 만나게 된다. 그중에는 그냥 스쳐 지나가는 사람도 있을 테고, 함께 즐거운 한때를 보냈지만 어떤 이유로 화를 내며 떠나가는 사람도 있을 것이며, 우리와 함께 넘어지고 부딪히며 같이 울고, 함께 웃어줄

사람도 있을 것이다.

우리는 자신의 삶을 정상궤도에 올려놓겠다는 각오를 다져야 한다. 그러니 자신의 슬픔에 확대경을 들이대거나 다른 사람의 생각을 지나치게 의식하지 말자. 실수해도, 실패해도, 또 무언가를 잃어도 괜찮다. 다시 자신의 마음을 다잡고 눈앞의 문제들을 제대로 마주하면 된다. 실수와 실패와 상실 앞에 자신의 전부를 부정할 필요는 없다. 자신에게 나약하고 부족한 면을 허락해주자. 이는 계속 앞으로 나아갈 기회와 힘을 갖기 위함이니 말이다. 지금은 재난이라고 생각되는 일들도 지나고 다시 돌아보면 기나긴 인생길의 작은 웅덩이일 뿐이다. 건너가면 아무렇지도 않게 모든 일이 서서히 좋아질 것이다.

우리가 살면서 일어나는 일들은 하늘의 구름과도 같아서 마냥 자유로워 보이지만 실제로는 뜻대로 되지 않을 때가 많다. 그런 일들은 통제하지 못해도 어쩔 수 없는 일이니 그저 덤덤하게 받아들이고, 그런 경험을 유용한 양분으로 삼아 개선할 수 있는 일에 마음과 시간을 투자해야 한다. 그런 다음 스스로 결정할 수 있는 일에 노력을 기울이는 것이다. 좋은 기분을 유지하는 것이 나쁜 일을 떠올리지 않는 방법임을 기억하고, 나쁜 일이 자신의 좋은 기분에 영향을 주지 않도록 노력해보자. 어떤 감정들은 스스로 소화하는 방법을 배우는 것만으로도 우리에게 큰 도움이 된다. 나를 이해할 사람은 자연스레 이해할 것이요, 이해하려 하지 않는 사람에게는 아무리 설명해도 소용이 없다는 걸 잊지 말자.

불안을 불러오는 문제들은 대부분 자신의 마음을 넓게 가지지 못한 데서 비롯한다. 그러니 어두운 구석에서 너무 오래 머무르지 말고 밝은 곳에 가 서자고 자기 자신을 일깨울 필요가 있다. 가능한 한 미소를 잃지 말고, 상대가 나를 푸대접한 게 아니라면 울상으로 사람을 대하지 말자. 그리고 주변 사람들을 친절하게 대하자. 언제든 그들의 도움이 필요한 순간이 있을 수 있으니 말이다. 자신이 통제할 수 없는 일에는 무리하지 말자. 다른 사람에게 폐를 끼치지 않고 자신의 마음에 부끄러움 없이 살아갈 수 있다면 그것만으로도 이미 충분하다. 인생길에 놓인 크고 작은 웅덩이들은 건너가면 그만이다.

$$\underline{33}$$
▲

삶을
블랙홀이라고

생각하지
말자

어떤 마음가짐으로 세상을 바라보느냐에 따라 눈앞의 세상은 달라지게 되어 있다.

. . .

코로나19 감염병 등급이 하향하여 일상 속 다양한 규제가 완화된 후 어쩔 수 없이 멈춰야 했던 일들이 전부 재가동하기 시작하면서 나도 갑자기 바빠지기 시작했다. 회사의 여러 안건이 가열하게 진행 중인 데다 원고 쓰기와 녹음 일정에 현재 듣고 있는 수업의 과제도 해야 하고 이전에 연기되었던 강연 준비까지 시작해 알차다 못해 빈틈없는 하루하루가 이어졌다.

그러던 어느 날 나도 모르게 이런 불평이 터져 나왔다.

"정말 짜증 나네. 무슨 일이 이렇게나 많은 거야? 왜 이렇게 바쁜 거냐고?”

이 말을 입 밖으로 낸 순간 이건 아니다 싶어 바로 자기반성에 들어가긴 했지만. 할 일이 있어 바쁘다는 건 뿌듯해할 만한 일이다. 불과 몇 개월 전만 해도 감염병으로 많은 일이 멈춰서서 갑자기 할 일이 없는 상태가 되지 않았던가. 처음에는 모처럼의 여유를 즐기기도 했지만, 규제 기간이 길어지면서 내심 불안함에 하루빨리 바쁘고, 약속이 있었던 원래의 일상으로 되돌아가기를 얼마나 기대했던가. 그 몇 달 전과 비교하면 바쁘게 할 일이 있고, 자유롭게 활동할 수 있는 지금을 소중히 해야 마땅하다.

나는 코로나19 팬데믹으로 평화로워 보였던 우리의 삶이 실은 생각보다 취약하다는 사실을 깨달았다. 많은 것이 풍선처럼 한 번의 자극에 ‘펑’ 하는 소리를 내며 흔적 없이 사라져버렸고, 나는 운이 좋아 그저 잠시 멈춤의 시간이 있었을 뿐이었지만 어떤 이들은 사랑하던 사람을 영영 잃기도 했다. 인간은 언제나 잃고 난 후에야 소중함을 깨닫기에 아름답고 평온한 삶을 당연하게 여기지 않도록 스스로 상기해야 할 필요가 있다는 것도 알게 되었다. 아무리 찬란한 햇빛이라도 미처 비추지 못하는 어둠이 있고, 우리의 능력으로 어찌지 못하는 일들이 있게 마련이며, 억지로는 안되는 일과 되돌릴 수 없는 일도 많기에.

사람의 감정은 때론 상대적이다. 지금 생각하는 고생은 진짜 고생이 아니라 어쩌면 그동안 너무 편안하게 지냈다는 방증에 지나지 않을 수도 있다는 뜻이다.

자신의 삶을 미지수와 고생과 불안으로 가득한, 끝없는 어둠의 블랙홀이라고 생각하지 말자. 이런 생각은 자신을 좀먹어 점점 더 부정적인 생각을 하게 할 뿐이다. 하루하루 등산을 한다고 생각해보자. 산을 등반하는 과정에는 물론 힘이 들 때도 있고, 몸이 아플 때도 있을 것이며, 갑작스러운 환경 변화를 마주할 때도 있을 것이다. 이로 말미암아 많은 일이 자신의 통제에서 벗어나겠지만 마음속에 정상에 오르겠다는 명확한 목표가 있다면 지금의 고생을 참아내고, 눈앞의 어려움을 극복하며, 주변 환경에 적응할 수 있을 것이다. 이러한 과정을 성장의 교재로 삼아 버텨낸다면 분명 끝없이 넓고 웅장한 경치를 눈에 담을 수 있을 것이다.

어떤 마음가짐으로 세상을 바라보느냐에 따라 눈앞의 세상은 달라지게 되어 있다.

우리의 마음이 분주하면 눈앞의 일도 바빠서 엉망진창 돌아가는 것처럼 보이고, 우리의 기분이 나쁘면 세상 모두가 딴지를 거는 것처럼 느껴진다. 그래서 나는 감정이 요동치기 시작하면 무언가에 집중해 감정의 파동을 일으키는 요소나 환경에서 나를 분리하려고 한다. 눈앞에 놓인 일이나 내면의 바람에 전념하면 그것이 아무리 소소한 것이더라도 마음을 지켜주는 기운이 생기고, 그렇게 사람과 마음이 한곳에 놓일 때 걱정은 서서히 밀려난다. 이렇게 걱정을 차단하면 요동치던 감정이 가라앉아 평온과 안정을 되찾을 수 있다. 일상 속의 모든 소소한 일이 자기 치유를 위한 연습이 될 수 있다.

폴란드의 유명한 산악인 보이테크 쿠르티카(Wojciech Kurty-ka)는 말했다.

"산악 등반은 고통을 감내하는 일종의 예술이다(Alpinism is an art of suffering)."

그렇다. 우리가 일상생활을 하는 데서도 이러한 태도가 필요하다.

생활 속의 모든 난관과 고통은 친절한 점원처럼 우리에게 삶의 깊이와 인생의 무상함을 알려준다. 그러나 대부분의 순간 우리는 전단을 피해 가는 사람들처럼 이를 이해하려 하지 않고 그저 피해 가기에 급급한 경우가 많다. 그런데 사실 긍정적인 태도로 삶의 힘든 고비들을 바라볼 수 있을 때 무언가를 얻을 수 있고, 이렇게 얻은 것들은 우리 삶의 보물이 된다.

눈코 뜰 새 없이 바쁜 생활이 우리를 부정적인 감정에 빠뜨릴 때면 스스로 이렇게 질문해보자.

‘내가 사랑하는 사람에게 남기고 싶은 것은 무엇이며, 이 세상에 남기고 싶은 것은 무엇인가? 그리고 나 자신을 위해서는 또 무엇을 남기고 싶은가?’

이 문제에 대한 답을 하다 보면 힘든 일들도 이를 악물고 버텨낼 수 있을 것이다. 서로가 필요할 때 약간의 응원과 약간의 온기를 나눠줄 수 있다면 힘은 자연스럽게 솟아난다.

34

인생에는
기복이 있게마련이고,

모든 일은
지나간다

'왜 변했는지' 연연할 필요는 없다. 우리 자신을 포함해 세상은 원래 끊임없이 변화하고 있다. 천천히 변화하느냐, 하루아침에 크게 변화하느냐의 차이가 있을 뿐이다.

...

사람은 누구나 성장하는 과정에서 각자 나름의 고통을 경험하는데, 나 역시 예외는 아니다. 부모님의 이혼으로 어렸을 때부터 몇몇 친척 집을 전전하며 단맛, 쓴맛, 신맛, 매운맛, 짠맛까지 모두 느껴보았고, 젊은 시절엔 실연 때문에 죽고 싶을 만큼 가슴앓이도 해보았다. 실연한 당일 마침 지진이 일어났는데, 거실 천정에서 흔들리는 실링 팬을 보며 차라리 저 실링 팬에 맞아 죽었으면 하는 생각을 하기도 했다. 어디 이뿐인가. 어리

숙하게도 알량한 의리를 지키겠다고 회사가 꽤 오랫동안 월급을 제대로 지급하지 못했는데도 계속 출근해가며 여기저기 돈을 빌려 카드로 생활했던 적도 있다. 결국 이 회사의 사장은 악의적 파산 후 해외로 도피했고, 그 때문에 나는 많은 빚을 지게 되었다.

지금이야 아무렇지 않게 이런 과거를 이야기할 수 있게 되었지만, 당시의 나에겐 마른하늘에 날벼락과 다름없는, 이를 악물고 버텨야 할 일들이었다. 그러나 시간이 흐르고 상황이 변하면서 하늘이 무너져내릴 듯했던 큰일들이 언급할 만한 가치도 없을 만큼 하찮은 일들이 되었다.

돌이켜보면 지난날의 고통 중에는 사서 한 고생도 있었고, 고통이라 믿었던 일도 있었으며, 나의 힘으로는 어쩔 수 없었던 일들도 있었다. 가끔은 이미 열심히 살고 있는데 왜 사람을 귀찮게 하는 일들이 생겨 나를 시험하는 걸까, 은근 불만을 터뜨리기도 했다. 하지만 이후 더는 부정적인 감정에 휘둘리지 않는 법을 배워 나가면서 뭐든 자기 뜻대로 되길 바라는 건 헛된 꿈이라는 걸 깨달았다. 쉽게 얻은 것은 그 소중함을 알기 어렵다는 사실과 남들이 당연하게 가진 무언가 중에 우리는 아무리 죽을힘을 다해 노력해도 가질 수 없는 게 있다는 것, 그러나 남들이 쉽게 가질 수 없는 어떤 보물이 나에게도 있다는 사실 또한 알게 되었다.

안 좋은 일이 생기면 괴로운 마음이 들고, 저도 모르게 상황을 원망하게 된다. 하지만 나쁜 기분이 지금의 생활을 망치게 두지는 말자. 좌절당했을 땐 마음가짐과 접근 방식을 달리하여 스스로 통제할 수 없는 부분은 덤덤히 받아들이고 자신이 통제할 수 있는 일들을 천천히 고쳐 나가면 된다. 그러다 보면 모든 일이 잘 풀리기 시작할 것이다.

'왜 변했는지' 연연할 필요는 없다. 우리 자신을 포함해 세상은 원래 끊임없이 변화하고 있다. 천천히 변화하느냐, 하루아침에 크게 변화하느냐의 차이가 있을 뿐이다. 우리에게는 이런 변화에 대한 선택권이 있다. 버티거나 순응하거나 감정이 썩어 문드러지게 내버려둘 수도 있다. 그러나 상황의 변화에 계속 화를 내고 불평을 토해봤자 결국 괴로운 건 자기 자신이다. 바깥세상이 어떻게 변하는지는 통제할 수 없지만 적어도 이를 어떻게 생각하고 받아들일지는 스스로 선택할 수 있음을 잊지 말자.

가끔 쉬어 가고, 또 가끔 약한 모습을 드러내는 것이야말로 정상적인 삶이다. 강한 척하는 것은 진짜로 강한 게 아니다. 자

신의 부족함을 인정하고 약한 부분을 드러낼 줄 아는 것이야말로 진짜 강인함이며, 이렇게 하는 것이 자신의 정신 건강에도 도움 된다.

인생에는 항상 기복이 있고, 사회에는 늘 나쁜 놈들이 있다. 그런데 매번 이를 마주할 때마다 원기를 잃어버린다면 이 얼마나 손해인가. 내일을 위해 에너지를 남겨두고, 오늘은 자신에게 휴식과 진정을 위한 약간의 시간과 공간을 내어주자. 당장 못마땅한 일들도 금세 나아질 테니 자신과 주변 사람들을 먼저 챙기고, 해야 할 일들을 하자. 휴식이 필요할 때는 무리하지 말고, 감정이 요동칠 때는 심호흡을 몇 번 해보자. 그러면 나쁜 일들은 모두 지나갈 것이다. 묵묵하게, 천천히, 자신의 속도로 자신이 가야 할 방향으로 나아가자. 이렇게 눈앞의 삶에 집중하면 먼지가 천천히 내려앉듯 자연스럽게 감정을 가라앉혀 평온을 되찾을 수 있을 것이다.

살면서 어려운 문제는 늘 생기게 마련이다. 그래서 때로는 막막하기도 하고, 때로는 공허하기도 하며, 또 때로는 홀가분하기도 할 것이다. 잠시 잠깐 어떻게 해야 좋을지 모르는 순간이 찾아오더라도 괜찮다. 인생에는 꼭 하나의 정답과 하나의 길만 있는 게 아니다. 일단 출발했다면 자연스럽게 자신의 능력이 닿는 곳에 도착할 수 있을 것이다. 슬럼프에 빠졌을 때는 잠시 가라앉아 있는 법을 배우고, 좌절한 후에는 반성할 줄 알며, 그렇게 최선을 다하기만 하면 우리에게 가장 적합한 계획을 실행해 나아갈 수 있을 것이다.

눈앞의 삶에 집중하면 먼지가 천천히 내려앉듯
자연스럽게 감정을 가라앉혀 평온을 되찾을 수 있을 것이다.

여유가 있어야 일상 속의 소소하지만 확실한 행복을 느낄 수 있고,
내 주변의 평범한 사람 그리고 사건과 사물들에 감사할 수 있으며,
삶의 틈바구니에서 간과하기 쉬운 기쁨을 찾아낼 수 있다.

PART 5

평범함의 아름다움

<u>35</u>
▲

평범하고
착실하기에

더 멀리
나아갈 수 있다

일상 속에서 천천히 성장하는 것을 기꺼워할 줄 아는 게 성숙함이다. 성숙함은 귀에 거슬리지 않는 부드러운 목소리와 안정적이며 차분한 걸음걸이에서도 드러난다.

· · ·

사람들은 흔히 안전지대를 벗어나 낯선 환경과 영역에 도전해야 한다고 말한다. 다양한 도전을 통해 자신을 성장시켜야만 기존의 틀을 깨부수고 더 다채로운 인생을 살 수 있다면서 말이다. 이렇게 긍정적인 이야기를 듣고 있노라면 확실히 이 말을 따르고 배우고 싶다는 생각이 절로 들긴 하지만, 사실 이것이 반드시 모든 사람에게 적합하다고는 할 수 없다. 아마도 안정을 추구하는 성격과 계획적으로 일을 처리하는 습관 때문이겠지

만, 더 근본적으로 매일 열심히 일하는 이유는 솔직히 편안하고 자유로운 환경에 머무르기 위함 때문이다. 그런데 굳이 새로운 안전지대를 만들기 위해 스스로 구멍을 파 그것을 뛰어넘으며 불안과 고생을 사서 할 필요가 뭐 있겠는가.

물론 새로운 도전을 통해 새로운 경험과 능력을 얻을 수 있는 건 맞다. 그러나 앞을 알 수 없는 모험을 떠났다가 실패와 좌절을 맛보고 낙담하는 사람도 적지 않다는 사실을 잊지 말아야 한다. 안전지대를 벗어나 자신을 단련하는 것도 가능하지만, 그전에 자신이 실패의 타격을 감내할 능력이 있는지에 대한 평가가 전제되어야 한다.

꿈을 좇을 때 꼭 비약적인 발전이 필요한 건 아니다. 한 걸음 한 걸음 자신이 가진 능력 범위 안에서 천천히 나아가도 된다. 인생에는 우리가 아무리 기를 쓰고 도약해도 도달할 수 없는 미지의 영역이 많다. 그러니 불확실한 일들 때문에 고민하느니 눈앞에 놓인 확실한 일들부터 잘해내자. 개인적으로 서둘러 안전지대를 벗어나려 하기보다 조금씩 자신의 안전지대를 넓혀가는 걸 추천한다. 앞으로 나아가고, 나날이 더 나아질 수 있다는 것은 물론 멋진 일이다. 하지만 그렇다고 자신을 무리하게 밀어붙이며 고통 속에 지내야 한다는 뜻은 아니다. 어떤 이들에게 강요와 고통은 달아나고 싶은 마음을 키우는 일일 뿐이다.

능력이 닿는 곳에서 편안하게 성장할 수 있는 것만으로도 이미 대단한 일이다. 마음만 있다면 어디에 있든 최고의 자신이 될 기회는 있다.

인생에는 우리가 일일이 다 메우기 어려울 만큼 너무나 많은 웅덩이가 존재하며, 우리의 선택을 기다리는 다양한 선택지도 넘쳐난다. 그런 까닭에 매 순간 옳은 선택을 할 수도, 모든 일을 극복해낼 수도 없다. 다만 지나면 되돌릴 수 없는 시간을 그냥 허비하지 않기 위해 우리가 할 수 있는 일은 가능한 한 착실하게 현재의 삶을 살아내며, 아쉬움이나 고통은 과거에 남겨두고 복잡하고 혼란한 삶 속에서 진실한 것들만 천천히 걸러내는 것이다. 그러니 힘이 들 때는 하루를 더 잘 보내야 한다고, 마음이 편안해지면 모든 게 편안해질 거라고 자신을 다독여보자.

일상에서도 갖가지 어려움과 처리해야 할 문제가 있겠지만, 억지로 너무 많은 일을 할 필요는 없다. 피곤하면 푹 쉬고, 고민이 많을 때는 사람과 이야기를 나누거나 책을 읽고, 당황스러울 때는 천천히 심호흡을 몇 번 해보고, 마음이 괴롭고 슬플 때는 '다 지나갈 거야'라고 자기 자신에게 말해주자.

우리는 종종 인생이라는 길을 오래 걸어 멀리까지 가려면 마음이 길잡이가 되어야 한다는 사실을 잊어버리곤 하는데, 흔들

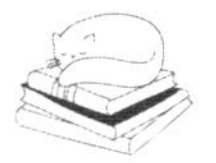

리는 마음을 안정시켜야만 비로소 바깥세상의 소란을 마주할 능력이 생긴다.

일상 속에서 천천히 성장하는 것을 기꺼워할 줄 아는 게 성숙함이다. 성숙함은 귀에 거슬리지 않는 부드러운 목소리와 안정적이며 차분한 걸음걸이에서도 드러난다. 물론 사람에게는 자신이 나아갈 방향이 되어줄 꿈이 필요하다. 그러나 꿈만 꾼다고 다가 아니라 착실하게 삶을 직시해야 한다. 그래야 안정적으로 나아갈 수 있다. 모두가 각자 자신이 할 수 있는 일을 하면 모든 일이 점점 더 잘되게 되어 있다. 여유가 있을 때 필요한 사람에게 주저 없이 손을 내밀면 우리가 곤경에 처했을 때도 누군가가 기꺼이 손을 내밀어 우리를 끌어줄 것이다. 꼭 미지의 것에 도전하고, 한계에 도전하는 사람이 될 필요는 없다. 그저 자신에게 어울리는 사람이 되면 그것으로 충분하다.

책임을 회피하거나 약한 사람을 괴롭히지 않는 정직한 사람, 무언가를 걱정하거나 연연해하지 않는 자유로운 사람, 남과 비교하거나 열등감을 느끼지 않고 만족할 줄 아는 사람, 공허하거나 빈약하지 않은 풍부한 사람. 이런 사람이 된 것만으로도 이미 대단한 성과다.

<u>36</u>
▲

덜어낼
줄

아는
삶

얻는 게 있으면 잃는 것도 있을 수 있다. 계속 무언가를 더해가기
만 하면 갈수록 더 많은 짐을 짊어지게 된다. 부담을 덜어낼 줄 알
면 잡다한 일들에 간섭을 받지 않고 보다 효율적이고 편안한 삶을
살 수 있다.

• • •

우리는 습관적으로 자신의 인생을 10년 단위로 나눠 계획하
곤 한다. 마치 시계처럼 일정한 눈금을 그려놓고 20대에는 뭘
하고, 30대에는 뭘 해야 하는지 눈금에 따라 자신의 목표를 설
정하는 것이다. 그런 다음에는 순서에 따라 한 단계에서 다음
단계로 넘어가기 위해 열심히 노력한다. 그리고 사람들은 대부
분 각 단계의 자신에게 약간의 기대와 약간의 상상을 투영하며

약간의 불안을 느끼기도 한다. 다음 단계로 나아간 자신이 지금보다 더 나은 삶을 살기를 기대하는 동시에 알 수 없는 미래에 대한 은근한 걱정이 드는 것이다. 그러나 꼼꼼한 사람은 자신이 앞으로의 여러 변화에 대처할 수 있도록 만반의 준비를 마쳐야 한다고 생각한다.

예전에 한 독자가 나에게 서른 살 이후의 삶은 뭐가 달라졌느냐며, 사람과 일을 대하는 마음가짐에 어떤 변화가 있었느냐는 질문을 한 적이 있다. 아마 30대면 인생에서 상당히 중요한 시기라고 생각하는 사람이 많을 것이다. 이 시기에 미래를 위한 기반을 다질 수 있길 기대하며 열심히 뭔가 성과를 내려 노력하는 사람이 많은 이유도 이 때문일 것이다.

물론 30대의 삶이 중요하기는 하다. 하지만 지금의 나는 30대뿐만이 아니라 모든 시기가 다 중요하다고 생각한다. 10대, 20대, 30대의 나를 되돌아보면 시기마다 각기 다른 아쉬움과 후회가 있지만, 행복하고 뿌듯한 때도 있었다. 적극적으로 자신의 삶을 대하며 단계별로 목표를 세우고, 최선을 다해 이를 달성하려는 태도는 물론 칭찬할 만하지만 몇 살에는 반드시 어떤 성과를 내야 한다고 집착할 필요는 전혀 없다. 그보다는 연 단위로 매년 해야 할 일을 계획하고 이를 실천에 옮기는 것이 오히려 더 실용적인 방법이다.

　반백에 가까운 나이가 된 지금 30대를 되돌아보고 당시의 나에게 조언한다면 무언가를 더하려고만 하지 말고 덜어내는 방법을 배워야 한다고 말해주고 싶다. 모든 일에는 양면성이 있어서 얻는 게 있으면 잃는 것도 있을 수 있다. 계속 무언가를 더해가기만 하면 갈수록 더 많은 짐을 짊어지게 된다. 부담을 덜어낼 줄 알면 잡다한 일들에 간섭을 받지 않고 보다 효율적이고 편안한 삶을 살 수 있다. 삶에서 무엇을 덜어내야 하는지 스스로 상기하기 위해 과거에 썼던 글들을 몇 가지 요점으로 정리해놓은 것이 있다.

첫째, 중요하지 않은 사람을 덜어낸다

　우리가 가진 시간과 에너지에는 한계가 있다. 따라서 자신의 삶에 도움 되지도 않고 심지어 나를 마음에 두지도 않는 사람에게 시간을 낭비해서는 안 된다. 나와 맞지 않고, 나에게 중요하지 않은 사람과의 왕래를 줄이자. 이는 자신에게 도움 되는 사람만 사귀라는 뜻이 아니라 더 나은 내가 되는 데 방해가 되고 심지어 자신에게 짐이 되는 사람을 자기 인생에서 배제하라는 뜻이다. 그러면 일상생활에 에너지와 시간을 집중하여 더 편안하고 자유로운 하루하루를 보낼 수 있다.

다시 한번 강조하지만, 자신을 더 사랑하고 자신의 마음을 제대로 돌봐줘야 한다. 다른 사람이 내게 잘해주기를 기대하기보다 스스로 나를 챙기는 게 낫다. 내가 나를 사랑하지 않으면 또 누가 나를 사랑해주겠는가? 매일 자신을 잘 가꾸고, 열심히 노력한 후의 자신에게 제대로 보상해주는 일이야말로 시간과 에너지를 가장 값어치 있게 쓰는 일이다.

둘째, 의미 없는 소비를 덜어낸다

하루라도 빨리 자산을 관리하는 법을 배워 자신의 미래를 계획하고 무의미한 지출을 줄여야 한다. 예를 들면 최신 유행을 좇지 않고 진짜 수요에 맞는 물건을 선택한다거나 지출을 하기 전에 마음을 가라앉히고 구매하려는 물건이 정말 쓸모가 있는지, 아니면 할인해서 이득이라는 생각에 구매하려는 건지 잘 생각해보는 것이다.

여윳돈은 저축하여 펀드나 ETF, 또는 자신에게 맞는 투자 상품을 선택하여 안정적이고 장기적인 투자계획에 사용해야 한다. 이렇게 미리 자산설계를 해두면 노후 걱정을 덜 수 있다. 그러니 무리해서 허세를 부리느라 함부로 돈을 쓰지 말자. 우리의 가치는 돈으로 쌓는 게 아니라 우리의 능력과 인성에서 비롯한다.

셋째, 불필요한 모임을 덜어낸다

아마 많은 사람이 인맥이나 사교 폭을 넓혀 앞으로의 사회생활에 도움을 받기 위해 모임이나 파티에 참석하는 거라고 말할 것이다. 그러나 이렇게 사적인 모임이 잦은 사람이라면 그 효과와 이익을 신중하게 따져보길 바란다. 이러한 활동을 통해 어떤 발전이 있었는지 혹은 돈 벌 기회가 늘어났는지, 정말 시간과 돈을 사용할 만한 가치가 있는지를 말이다.

너무 많은 시간과 돈을 들여 취할 때까지 술을 마시고, 지칠 때까지 노느라 제대로 된 일을 할 정신이 없게 만드는 것보다는 이런 시간을 가족과 또는 서로를 잘 아는 친구와 함께하는 테 쓰거나 책을 읽고, 새로운 것을 배우고, 아니면 잠을 자는 데 쓰는 게 더 효율적이다.

넷째, 도움 되지 않는 감정을 덜어낸다

가능한 한 안 좋은 감정에 빠지지 않도록 하자. 누누이 말하지만, 나쁜 기분은 나쁜 결과를 만든다. 자기 자신을 괴롭히지 않으면 많은 일이 저절로 지나가게 될 것이다. 사람들 앞에서 자주 화를 내면 주변 분위기는 물론이고 자신에 대한 타인의 평가에도 영향을 미치게 된다. 그것은 매우 미성숙한 행동으로 무슨 일을 하든 전혀 도움 되지 않는다.

화를 내고 남을 비난하는 데 시간을 낭비하지 말자. 적당한 감정 발산은 건강에 도움 되지만, 이 또한 정도가 지나치면 인간관계를 망칠 수 있다. 생각을 전환하는 법과 감사하는 법을 배우면 삶이 한결 편안해진다.

다섯째, 부담스러운 식사를 덜어낸다

건강의 중요성을 알아야 한다. 건강을 잃으면 이상도 행복도 즐거움도 논할 수 없다. 건강을 유지하기 위해서는 적당한 운동 습관을 기르는 것 외에 먹는 것에도 신경을 써야 한다. 평소 기름지고 짠 음식을 좋아한다거나, 채소와 과일보다 고기를 즐긴다거나, 폭음하고 폭식하는 습관이 있다면 이를 모두 바꿔야 한다. 물을 많이 마시고, 채소와 과일을 가까이하며, 기름진 음식은 물론 소금과 설탕 섭취를 줄이고, 과식하지 않도록 해야 한다.

누군가는 이렇게 사는 게 무슨 재미가 있겠느냐고 생각할지도 모른다. 하지만 습관이 되면 괜찮다. 무언가를 덜어내는 일은 인생살이를 하는 데 정말 유익하다. 그러니 일찍 깨달을수록 좋다. 생활 속의 복잡하고 성가신 일들과 우리를 방해하는 사람이나 사건이나 사물들은 되도록 덜어내자. 평온하고 평범하면 된다. 그런 다음 천천히 나아지는 것이다.

37 ▲ 고양이 처럼

사는법을 배우자

혼자 있는 것과 외로운 것은 엄연히 다르다. 외로움은 곁에 함께 하는 사람이 있는데도 여전히 혼자 있는 듯한 불편함에서 비롯하지만 혼자 있는 것은 마음을 가다듬어 성장의 기회로 삼을 수 있는 하나의 상태다.

· · ·

나는 내가 집에 있는 시간을 꽤 즐기는 타입으로 흔히 말하는 집돌이라고 생각한다. 그런데 코로나19 확산세로 정부가 방역 조치 3단계를 발령하여 각자 외출을 자제하고 집에 머물기를 권고한 후 짧지 않은 기간 동안 이러한 상태가 지속되면서 솔직히 말하면 좀이 쑤셨던 게 사실이다. 그렇다고 여기저기 돌아다니고 싶은 정도는 아니었지만, 문밖을 아예 나가지 않는 생활

을 더는 못 견딜 지경이었다. 하루 이틀에 한 번씩 골목 어귀의 편의점으로 물건을 사러 가는 일이 어찌나 즐겁던지. 정말 실제로 경험해봐야 지난날의 일상이 얼마나 행복한 것이었는지를 깨달을 수 있다는 말을 뼈저리게 느꼈다.

우리 집에는 고양이 두 마리가 있다. 임시보호소에서 데려온 도녀인데 삼색 털을 가진 대모갑 고양이(황색, 갈색, 흑색이 섞인 삼색 털 고양이를 이름)라 단순하게 어미 고양이에게는 '다이다이(玳玳, 대모갑의 대의 중국어 발음을 딴 이름)', 딸 고양이에게는 '마오마오(瑁瑁, 대모갑의 모의 중국어 발음을 딴 이름)'라는 이름을 붙여주었다.

매일 아침, 내가 글을 쓸 때면 어미 고양이 다이다이는 늘 노트북 옆에 웅크리고 앉아 조용히 내 곁을 지킨다. 이따금 창밖을 내다보며 멍을 때렸다가, 이따금 책상에 엎드려 쉬기도 하고, 가끔 무료하다 싶으면 와서 쓰다듬어 달라고 노트북을 툭툭 건드리기도 한다. 그래서 내가 한참을 어루만져주면 매우 만족한 듯 다시 엎드려 내 일이 끝날 때까지 함께하곤 한다. 그런데 딸 고양이 마오마오는 사람을 잘 따르고 애교가 많은 어미와는 달리 우리와 늘 사회적 거리를 유지한다. 마오마오에게 사람은 눈에 보이기만 하면 되는 존재로 사람이 주방에 있을 때만 야

웅거리며 다가와 몸을 비빈다. 간식을 얻어먹기 위해서 말이다. 그런 까닭에 나는 종종 우스갯소리로 시도 때도 없이 먹을 것을 찾는 걸 보면 "녀석의 마음이 허한가 보네" 하기도 한다.

그런데 이 두 마리의 고양이를 보고 있노라면 녀석들이야말로 '집콕'의 고수라는 생각이 절로 든다. 아무것도 하지 않고 그저 조용히 한참을 바닥에 앉아 있다가 집 안으로 날아든 벌레를 보면 신나게 쫓아다니는가 하면, 느긋하게 털을 정리하기도 하고, 그러다 움직이고 싶으면 스크래처를 긁어대고, 그 김에 몸을 쭉 펴 기지개를 켜는가 하면 모녀가 함께 '나 잡아봐라' 놀이를 하기도 하는 등 스스로 즐거움을 찾는 데 선수이기 때문이다.

나는 내가 고양이와 같은 성격을 가졌다고 생각했다. 사람이 많은 자리를 어색해하고, 잦은 사교 활동을 즐기지 않으며, 차라리 혼자 조용히 하고 싶은 일을 하자는 주의이기 때문이다. 분명 혼자 있는 걸 좋아하는데 코로나19 위기 경보로 한동안 집에만 있었다고 힘들어하다니 어쩐지 고독을 즐기는 사람이라고 할 수 없을 것 같은 기분이 들기도 하지만! 그런데 어쩌면 매일같이 접하는 코로나19 관련 소식의 영향으로 삶에 불확실성이 더해지면서 마음도 쉽게 흔들리게 되었는지 모르겠다고 생각했다.

아닌 게 아니라 고양이가 스스로 즐거움을 찾을 수 있는 이유는 녀석들이 무슨 일을 하든 항상 그 일에 집중하는 데 있기 때문이다. 당장 눈앞의 일에 모든 정신을 쏟다 보니 다른 일에 영향을 받을 일이 없는 것이다. 멍을 때리든 장난을 치든 단순하게 현재 하는 일을 즐기니 그 일에 집중할 수 있을 수밖에.

그래서 나는 사회적 거리 두기로 집에 콕 박혀 지내는 동안 생활 리듬을 조절했다. 뉴스와 정보에 지나치게 관심을 두지 않도록 하여 감정에 미치는 영향을 줄이고, 매일 일하는 시간과 쉬는 시간을 적절하게 안배하여 평소 생활 습관대로 규칙적인 생활을 유지했다. 아침에 일어나 세수하고 나면 명상 수련의 시간을 갖고, 이어서 책을 읽고 글을 썼다. 그런 다음 앱을 따라 운동을 하고, 아침 식사를 한 다음 커피 한 잔 내려 업무를 처리하기 시작했다. 가끔 온라인 회의를 진행하기도 하고, 시간이 나면 온라인 수업을 듣기도 하면서 말이다.

가능한 한 알차게 하루하루를 보내며 삶의 루틴을 만들고자 했다. 그렇게 당장 눈앞의 일만 생각하다 보니 정말로 요동치던 감정이 가라앉고 다시금 집에서 혼자 보내는 시간을 즐길 수 있게 되었다.

혼자 있는 것을 두려워할 필요는 없다. 혼자 있는 것과 외로운 것은 엄연히 다르다. 외로움은 곁에 함께하는 사람이 있음에도 여전히 혼자 있는 듯한 불편함에서 비롯하지만 혼자 있는 것은 마음을 가다듬어 성장의 기회로 삼을 수 있는 하나의 상태다.

사람들과 어울리는 시간은 일종의 배움과 단련의 기회가 되고, 나 자신과 보내는 시간은 충전과 숙고의 기회가 된다. 혼자 있을 때 우리는 비로소 다른 사람을 생각할 필요 없이 스스로 선택하고, 자신이 원하는 일, 좋아하는 일, 자신에게 유익한 일을 할 수 있다. 성장을 원한다면 혼자 몰두하는 시간은 필수다. 그러니 혼자 있는 시간을 고통이나 낭비라고 생각하지 말고 고양이처럼 그 순간에 집중하여 자유롭지만 알차게 보내려고 노력해보자.

38

평범함을
달가워하지 않아서

고통스러운
것이다

부러움이나 갈망이 긍정적인 방향으로 발전한다면 이 역시 자신의 성장에 도움 될 수 있다. 하지만 안타깝게도 대부분은 부정적인 방향으로 발전하여 자신을 스스로 고달프게 하고 심지어 세상에 대한 증오를 품게 만들기도 한다.

...

대부분이 그러하듯 택시를 탔을 때 나는 자발적으로 기사님에게 말을 걸지 않는다. 당연히 나는 기사님이 내게 말을 거는 것도 별로 좋아하지 않는다. 바쁜 업무 일정 중에 택시를 타고 이동하는 시간은 내게 이메일의 회신을 보내거나 자료를 준비하거나 잠시 눈을 감고 쉴 수 있는 시간 혹은 마음을 가다듬고 생각에 잠길 수 있는 시간이기 때문이다. 실제로 차를 타고 가다가 나온 업무적 아이디어와 글쓰기 영감이 꽤 있어서 그 이동하는 시간만큼은 방해를 받고 싶지 않은 마음이 있다.

그런데 몇 년 전 인상 깊은 택시 기사님을 만나 모처럼 내가 자발적으로 기사님에게 말을 걸어 대화를 나눈 적이 있었다.

50대로 보이는 그 기사님은 금테 안경을 쓰고 단정하게 빗어 넘긴 포마드 헤어에 빳빳하게 다림질한 셔츠를 입고 있었다. 학자의 분위기를 물씬 풍기는 점잖은 외모에 예의 바르지만, 자신감이 느껴지는 태도를 가진 분이었는데, 무엇보다 가장 놀라운 건 길을 묻는 외국인 관광객에게 유창한 영어로 답을 해주던 그의 영어 회화 실력이었다. 순간 기사님의 배경에 호기심이 생긴 나는 궁금증을 참지 못하고 한담을 시작했다.

"기사님, 영어를 정말 잘하시던데 유학 경험이 있으신가요?"

"아니요. 그런데 대학에 다닐 때부터 영어 공부에 신경을 많이 쓰긴 했어요. 대학을 졸업하던 해에 치른 토플 시험에서 점수도 꽤 잘 받았었죠!"

"대단하시네요. 저는 영어를 배웠어도 자주 쓰지 않으면 금세 까먹어서 어떻게 말해야 좋을지 모르겠던데, 기사님은 실력이 전혀 녹슬지 않으시다니!"

"예전에 사업을 했었는데 구미 고객이 많아서 영어로 비즈니스 할 일이 많았거든요."

대화가 무르익자, 기사님은 자신의 파란만장한 인생 이야기를 들려주었다. 그는 사회에 진출한 후 몇 년간 직장인 생활을 하다가 이후 친구와 함께 식당을 개업했다고 했다. 그러나 얼마 지나지 않아 여러 분점을 내며 한창 돈을 벌어들일 시기 친구의 계략으로 헌신짝처럼 버려지는 신세가 되었단다. 친구의 배신에 크게 낙담했지만 그대로 주저앉을 수 없었던 그는 식당을 경영했던 경험과 인맥을 살려 다른 동업자와 식자재를 취급하는 회사를 차리고 식당에 해산물과 식육을 전문적으로 공급하며 나름의 성공을 거두었다고 했다. 그렇게 수년간의 노력 끝에 수억 원의 매출을 달성하는 회사가 되었지만, 주주들과 회사 발전에 대한 이념이 다르다는 이유로 그는 또다시 회사에서 쫓겨났다. 두 번이나 다른 사람과의 동업에 실패한 후 그는 홀로 무역회사를 차려 각국의 향신료와 식자재를 수입했고, 이번에도 역시 많은 돈을 벌었지만, 자신의 투자 판단 오류와 글로벌 금융위기가 겹치면서 재산을 탕진하고 많은 빚까지 지게 되자 생계유지와 빚을 갚기 위해 택시 기사 일을 시작하게 된 것이라고 했다.

"괜찮아요. 사내대장부라면 상황에 맞게 유연하게 대처할 줄도 알아야죠. 이 침체기를 잘 버텨내면 분명 다시 재기할 수 있을 겁니다!"

당시 기사님이 이렇게 말했는데, 아마도 그의 말투에서 드러나는 인격 때문인지 그가 헛된 꿈을 꾸고 있는 게 아니라 정말로 재기할 수 있을 것이라는 믿음이 들었다.

"내 옷을 홀딱 벗겨 돈 한 푼 없는 채로 인적 없는 사막에 나를 던져놓아도 그곳을 지나가는 상단이 하나라도 있다면 나는 여전히 억만장자가 될 것이다!"라고 말했던 미국의 석유왕 록펠러(John Davison Rockfeller)의 호기로운 명언처럼 말이다.

그렇다. 어떤 이들은 엄청난 실패를 겪더라도 고생을 감내하는 강인한 근성, 또는 남보다 뛰어난 특정 분야에서의 어떤 능력으로 기회가 있는 한 재기에 성공하곤 한다. 그러나 이처럼 강인한 근성과 능력을 지닌 사람은 소수에 불과하다. 대다수는 이런 강인함도 가지고 있지 않거니와 그런 파란만장한 삶을 살아가기에 적합하지도 않다.

가끔 재능과 뜻이 있어도 그것을 펼칠 기회가 없다고 불평하는 소리와 누군가가 가진 부와 명성을 부러워하는 소리를 듣는데, 이런 생각이 꼭 나쁜 것만은 아니다. 긍정적인 방향으로 발전한다면 이 역시 자신의 성장에 도움 될 수 있다. 하지만 안타깝게도 대부분은 부정적인 방향으로 발전하여 자신을 고달프게 하고 심지어 세상에 대한 증오를 품게 만들기도 한다.

나는 우리 삶을 불행하게 만들지만 가장 고치기 어려운 것이 평범한 능력을 지녔지만, 평범하길 거부하는 마음이라고 생각한다.

〈콰르텟〉이라는 일본 드라마에 한 번쯤 생각해봄 직한 대사가 나온다.

"요청에 부응하는 건 일류가 하는 일, 최선을 다하는 건 이류가 하는 일, 우리 같은 삼류는 밝고 즐겁게 일하면 돼. 뜻이 있는 삼류는 사류다."

참 잔인한 말이지만 능력은 평범하면서 그 평범함을 달가워하지 않는 사람은 자신을 더 고통스럽게 만들 수밖에 없다는 현실을 지적한 것이다.

기타를 잘 친다고 해서 그가 피아노도 잘 치는 건 아니다. 마찬가지로 업무 실적이 좋다고 해서 반드시 좋은 팀장이 되리라는 법은 없으며, 내가 글을 쓴다고 해서 꼭 장편소설을 써낼 수 있는 것도 아니다. 이는 스스로 한계를 정해놓아야 한다는 게 아니라 자기 자신을 알 필요가 있다는 뜻이다. 물론 자신의 능력이 어디까지인지 시험해볼 수는 있다. 그러나 자신이 어떤 면이 부족한지를 알아야 지나치게 높은 목표를 정하지 않을 수 있고, 자신이 할 수 있는 일, 잘하는 일을 하여 스스로 부끄럽지 않은 자신이 될 수 있다.

평범하지 않은 인생을 추구하는 것은 대단한 포부가 맞다. 자신에게 날개가 있다면 기회가 왔을 때 더 높게 더 멀리 날아야 한다. 그러나 자신이 고양이라면 날 수 있을 거라는 꿈은 꾸지 말자. 하늘을 날지 못하더라도 할 수 있는 일은 많다. 그러니 자신의 장점을 십분 활용하여 자신에게 맞는 삶을 누리자. 이게 현실적이면서도 훨씬 쉽게 행복을 얻는 방법이니 말이다.

자신의 평범함을 받아들이면 삶을 고통스럽게 살지 않아도 된다. 평범함을 받아들인다고 발전을 모르는 사람이 되는 건 아니다. 비현실적인 것을 추구하느니 자신이 할 수 있는 일을 확실히 해내는 것을 노력의 목표로 삼아야 한다. 헛된 욕심을 내려놓고 능력 밖의 것들을 과감히 포기할 때 비로소 가장 강하고 자유로운 내가 될 수 있다.

39

너무
무리하지

않는
연습

자신이 한 일이나 내뱉은 말에 스스로 떳떳하다는 확신이 있다면
다른 사람을 위해 자신을 괴로운 감정에 빠트릴 필요가 없다.

...

단순히 자신에게 공감해주는 친구가 있다면 충분하다고 생
각하는 이들도 있지만, 대부분은 남에게 사랑받고 환영받길 원
한다. 아마 누구든 매력적이고 유머 감각이 넘치는 사람이 되기
위해 열심히 재미있는 이야기들을 읽고, 인터넷 동영상과 TV
프로그램을 찾아보며 다른 사람들이 어떻게 말하고, 또 어떻게
상대의 말을 받아치는지 참고해본 적이 있을 것이다. 무리에 녹
아들기 위해 자신의 어색함과 불편함을 숨긴 채 최대한 우호적
이고 유머러스한 모습을 드러내려고 노력도 해봤을 것이다. 진

심으로 마음을 다하고, 상대에게 친절하다 못해 잘 보이려는 듯 행동한 적도 있을 것이다. 하지만 안타깝게도 우리의 진심과 성의가 표면적인 호의로 치부되고, 호감을 얻고자 했던 노력이 무시당하는 경우가 더 많지 않았던가? 사실 이런 결과가 나오는 이유는 다양하다. 이를테면 상대와 말이 통하지 않아서일 수도 있고, 소통 과정에서 생긴 오해 때문일 수도 있으며, 단순히 상대가 나라는 사람을 좋아하지 않아서일 수도 있다.

누군가에게 미움을 받거나 오해를 사거나, 심지어 상처를 받게 되면 억울하고 씁쓸한 기분이 드는 게 당연하다. 그러나 인생이란 본래 모든 사람을 만족시키며 내 뜻대로만 살 수 있는 것이 아니다. 우리가 하는 모든 일과 모든 말을 모든 사람에게 인정받기란 불가능한 일이며, 나라는 한 사람이 모두에게 영합할 수도 없다. 열 명 중 두세 명은 나에게 반감이 있을지도 모를 일이다. 심지어 내가 먼저 다른 사람의 심기를 건드리지 않았더라도 상대는 내가 자신을 건드렸다고 생각해 이유 없이 나를 미워할 수도 있다. 공교로운 사실은 설령 그렇다 하더라도 그들에겐 선택의 자유가 있기에 나를 받아들이고 좋아해달라고 강요할 수 없다는 것이다. 하지만 마찬가지로 우리에게는 즐겁고 편안한 교제 방식을 선택할 권리가 있다. 사교적인 왕래라고 해

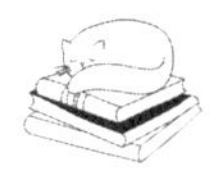

서 꼭 마음을 나눌 필요는 없다. 서로 악감정을 나누지만 않는다면 상대에게 잘 보이기 위해 너무 애쓸 필요 없이 솔직한 태도를 보이면 그것으로 충분하다.

나를 좋아할 사람은 좋아하고, 나를 싫어하는 사람은 아무리 잘 보이려고 노력을 해봐도 나를 좋아하게 만들기 어렵다. 세상엔 강제할 수 없고, 무리해서도 안 되는 일이 많은데 친구를 사귀는 일도 그중에 하나다. 우리가 할 수 있는 일은 선의와 솔직한 태도를 유지하는 것이다. 다른 사람이 나를 좋아하고 말고는 인연을 따를 뿐, 내가 나를 미워하는 일이 없도록 하면 하면 된다.

우리는 모두 자유롭고 즐거운 삶을 영위하길 바라는데, 이를 위해서는 자신을 몰아붙이지 않는 게 관건이다. 어쩔 수 없는 일은 연연해하지 말고, 스스로 인정할 수 없는 일은 하지 말며, 중요하지 않은 일에는 마음을 졸이지 말자. 자신의 성장을 위해 혹은 현재 상황을 바꾸기 위해 안전지대를 벗어나고 싶다면 자신의 능력이 미치고, 성격에 맞으며, 그 가치를 인정할 수 있는 도전이어야 한다는 전제가 있어야 한다. 그래야 조금 힘들고 불편하더라도 이를 극복하려는 힘을 낼 수 있고, 나아가 목표를 달성할 때까지 도전을 계속해갈 기회가 생긴다. 너무 무리해봐야 역효과가 날 뿐이다. 쉽게 좌절을 겪게 되는 만큼 오히려 그런 도전에 대한 거부감이 커질 테니까.

인간관계에서 자신을 밀어붙이는 것도 사서 하는 고생이다. 세상에는 그냥 나를 싫어하는 사람들도 있기 때문이다. 그들에게는 아무리 많은 것을 베풀고, 또 아무리 자주 소통해도 소용이 없다. 한편 그냥 말을 함부로 하는 사람들도 있는데, 아무리 그들에게 악의가 없었다고 해도 귀에 들어온 막말을 호의로 받아들이기는 어려운 일이다. 다만 다른 사람의 사고 논리와 화법을 통제할 수는 없어도 최소한 자기의 생각과 감정을 돌아보고 타인과 교류할 때의 마음가짐을 조절해볼 수는 있다. 그러니 지나치게 좋은 결과를 기대하지 말고, 부정적인 감정을 해소하는 데 효과적인 방법을 찾아보자. 자신이 한 일이나 자신이 내뱉은 말에 스스로 떳떳하다는 확신이 있다면 다른 사람을 위해 자신을 괴로운 감정에 빠트릴 필요가 없다.

어떤 관계든 마찬가지다. 우리는 삶을 더 아름답게 만들기 위해 타인과의 감정교류가 필요한 것이지, 이로 말미암아 원래 평온했던 삶이 소란해진다면 어떻게 취사해야 하는지를 분명히 알고 있어야 한다.

누군가에게 비위를 맞추거나 남을 미워하는 일에 에너지를 쏟는 것은 자신의 몸과 마음을 모두 상하게 하는 일이다. 그럴 힘이 있으면 차라리 자신을 위해 남겨두었다가 자기의 역할을 다하며 하루하루를 보내는 데 쓰자. 타인을 대할 때는 가능한 한 우호적인 태도를 유지하되, 다른 사람이 나를 좋아하는지 아닌지에 연연하지 말자. 이보다 중요한 건 내가 나를 좋아하고, 인정하는 일이다. 인생을 평범하게, 덜 걱정하고, 덜 근심하며 사는 것도 사실은 하나의 능력이자 복이다. 그러니 더는 무리하지 말고 자신에게 꼭 맞는 생활방식을 찾길 바란다.

40

맑은 날만
좋아하지 말고

비 오는 날도
받아들이자

우리의 발목을 붙잡는 일들은 그리 대단한 것들이 아니라 일상의
소소한 일들일 때가 많다.

• • •

연일 호우가 내리는 요즘이다. 마치 하늘이 머금고 있던 수분
을 전부 쏟아내기라도 하려는 듯 억수같이 퍼붓는 비에 한 치
앞의 길도 잘 보이지 않는 데다 우산을 들고 나가도 옷이 반쯤
젖는 건 기본이다. 그런 까닭에 그리 급하지 않거나 꼭 필요하
지 않은 일정은 취소하거나 뒤로 연기했고, 밖에 나가 산책을
하거나 쇼핑하러 갈 생각도 쏙 들어갔다.

그러고 보면 우리의 발목을 붙잡는 일들은 그리 대단한 것들
이 아니라 일상의 소소한 일들일 때가 많다.

비가 오면 외출하는 게 불편하긴 해도 나는 비 오는 날을 좋아한다. 이런 나와는 달리 사람들 대다수는 비 오는 날을 싫어하는 것 같지만. 언젠가 '비가 오면 왜 기분이 안 좋아지는지' 사람의 심리를 다룬 글을 읽은 적이 있다. 그 글에 인용된 연구 브고서에 따르면 외출을 할 수 없음에 짜증을 느끼는 사람이 있는가 하면, 높아진 습도에 집중력이 떨어지고 잠이 많아지는 사람이 있는 등 비가 사람에게 미치는 영향은 저마다 다르다고 한다. 나는 오히려 비 오는 날 집에 있는 걸 편안해하는 타입인 것이다. 주룩주룩 내리는 빗소리나 처마에서 똑똑 떨어지는 빗방울 소리를 듣는 게 내게는 몸과 마음을 치유하는 삶의 한순간으로 비가 오면 왠지 모르게 업무를 처리하거나 글을 쓸 때 집중력과 효율이 더 높아진다.

나는 특히 비가 내린 직후의 거리풍경을 좋아한다. 마치 모든 먼지와 더러움이 빗물에 씻겨 내려가 완전히 새로워진 얼굴을 보여주는 느낌이기 때문이다. 숨이 막힐 듯한 여름날의 무더위도 비 때문에 한풀 꺾여 조금이나마 쾌적해지기도 하고 말이다.

우리의 기분은 머나먼 하늘이 아니라 우리 자신에 의해 좌우된다. 비를 축복으로 여기느냐, 재앙으로 여기느냐, 아니면 그저 단순한 일상으로 여기느냐도 마찬가지다. 여유롭고 편안한 삶을 살려면 맑은 날만 좋아할 게 아니라 비 오는 날도 받아들여야 한다. 호우에 몸이 젖어도 우리는 여전히 미소를 지을 수 있다. 가볍게 웃으며, 조용히 혼자만의 시간을 보내고, 곰곰이 사색에 잠겨보면 눈앞의 세상을 새롭게 바라볼 수 있다.

인생의 많은 비바람은 '사람'에 의해 일어난다. 하지만 잊지 말자. 성장은 개인의 여정이라는 것을. 곁에 함께하는 사람이 있다면 행운이지만, 누군가가 떠나간다 해도 혼자였던 원래 상태로 되돌아가는 것뿐이다. 바깥세상을 포용하려고 서두를 필요는 없다. 무언가에 가로막히더라도 마음부터 잘 정리하여 내 주변이 더는 혼란스럽지 않게 되면 자연히 편안함을 느낄 수 있고, 잠시 혼자 있는 시간도 느긋하게 즐길 수 있게 된다.

평범함과 비범함은 생각하기 나름이다. 혹자는 인생이 잔잔한 호수와 같아서 잔잔한 물결을 일으키려면 스스로 돌멩이가 되어야 한다고 말한다. 비도 바람도 없이 늘 순탄하기만 한 삶을 사는 사람은 없지만, 정말로 이렇게 평온한 삶을 살게 된다면 그때는 또 자극을 추구하게 되지 않을까? 비가 오는 날은 어쩌면 아주 훌륭한 침잠의 시간인지도 모른다. 그러니 제대로 느끼고, 제대로 생각해보자. 사람은 누구나 평안하고 즐거운 일상을 누리길 바라지만 살다 보면 크고 작은 사건들이 불쑥불쑥

끼어들게 마련이다. 이러한 무상의 사건들을 일상의 한 부분으로 받아들이는 것. 이것이 현재 나의 배움의 목표다.

우리는 해를 동경하며 햇빛을 쫓지만, 누군가는 햇빛 아래에 서 있는 것이 괴로워 이를 피해 쉴 수 있는 어두운 구석을 찾길 희망하기도 한다. 때로는 햇빛의 강렬함에 숲속 그늘의 진가를 깨닫게 되기도 한다. 세상 모든 일에 여러 면이 있듯 비 오는 날도 나름의 장점이 있다. 무슨 일이든 적당해야지, 지나쳐서는 안 되는 법이다. 꽃을 피우려면 적당한 비와 햇빛이 있어야 한다. 그래야 씨앗이 천천히 싹을 틔울 수 있다.

41

스트레스 받지 말고

더 나아지기

인생은 실과 같아서 적당한 탄력을 유지해야지, 줄곧 팽팽하게 당기면 끊어지고 만다.

· · ·

산다는 건 참 쉽지 않다. 인생을 살다 보면 여러 방면에서 두루 더 나아지고 싶다는 생각이 들고, 그러다 보면 남과 나를 비교하지 않을 수 없어 저도 모르게 스트레스가 쌓이게 마련이기 때문이다. '남들의 속도를 따라가지 못하면 어쩌지?' 하는 걱정과 달팽이 걸음을 걷고 있는 자신의 현실에 대한 초조함 그리고 알 수 없는 미래에 관한 막연함까지. 그로 인해 어떤 이들은 자신의 하루하루를 허비하며 자포자기하기도 하고, 또 어떤 이들은 스스로 벌을 주기라도 하듯 몇 배의 노력을 기울이기도

한다.

성장하고 싶고, 지금보다 더 나아지고 싶은 마음은 자신에 대한 기대이자 인생의 각 단계에 각기 다른 의미를 부여하여 좀 더 확실하고 안정적인 삶을 살고자 하는 의지이기도 하다. 그러나 모든 일에 만능인 사람은 없다. 누구에게나 각자의 한계가 존재하여 자신의 능력이 미치지 못하는 순간을 맞닥뜨리게 되어 있다. 이때 끊임없이 더 나은 자신을 기대하는 것은 자신의 어깨 위로 쉼 없이 모래를 퍼붓는 것과 다름없어서 결국 그 무게에 스스로 짓눌리게 된다.

'갈수록 성장하는 내가 되는 일'이란 물불 가리지 않고 무조건 전력투구하거나 고행하는 스님처럼 마냥 고통을 감내한다고 되는 일이 아니다. 오히려 인생의 정체기나 능력의 한계에 다다랐을 때는 발걸음을 늦출 줄 알아야 한다. 인생은 실과 같아서 적당한 탄력을 유지해야지, 줄곧 팽팽하게 당기면 쉽게 끊어지고 만다.

갈수록 성장하는 내가 되고 싶다면 '자신에게 잘해주는 법'을 배워야 한다. 잘해준다고 해서 큰돈을 들여 스스로 상을 주라는 얘기가 아니라 너무 무리하지 않는 법을 배우고, 자신의 감정을 이해해 제때 긴장이나 스트레스를 풀 수 있는 감정의 배출구를 찾아야 한다는 뜻이다. 피곤하면 쉬고, 초조함이 밀려올 때는 누군가와 대화를 나누고, 삶이 막막하게 느껴질 때는 책을 찾아 읽고, 당황스러울 때는 잊지 말고 심호흡을 해보는 것이다.

우리는 종종 우리가 무엇을 위해 더 나은 내가 되려 하는지 그 이유를 잊은 채 자신을 고통과 우울함에 빠뜨리곤 하는데, 이래서는 아무런 의미가 없다. 아무리 어려운 일이 닥쳐도, 또 아무리 삭막한 환경에 처해도 자신에게는 가장 따뜻한 지지와 응원을 보내 흔들리는 마음을 다독여야 한다. 마음이 평온해야 바깥세상의 소란을 이겨낼 수 있다.

자신에게 잘해주는 것은 마음가짐일 뿐만이 아니라 자신을 더 나아지게 만드는 비결이기도 하다.

잘하지 못하는 일을 하면서 줄곧 자신을 괴롭히지 말고 잘하는 일을 기가 막히게 해보자. 가능한 한 자기가 좋아하는 일을 하는 게 좋다. 그래야 가장 좋은 성적을 낼 수 있을 테니까. 그런 다음에는 자신에게 투자할 줄 알아야 한다. 새로운 지식이나 전문 분야를 학습하고, 자신과 자신이 사는 곳을 심플하면서도 편안하게 잘 꾸미는 방법을 배워 삶에 밀도를 더하는 것이다. 늘 책을 가까이하여 내실을 다지고, 외적인 자신감을 더하면 사람들과 소통할 때도 저력을 발휘할 수 있다.

　우리 인생에는 늘 기복이 있고, 감정 또한 계절처럼 수시로 변화한다. 가끔은 전혀 중요하지 않은 사소한 일 때문에 묘한 분노가 차오르기도 하고, 떠들썩한 장소에서 더없는 외로움을 느끼기도 하며, 열심히 노력해야 마땅한 순간에 한없이 나태해지기도 한다.

　사람이 그렇다. 분명 상처받지 않고 멀쩡하다고 생각했는데 갑자기 중상을 입은 듯 일어서지도 못할 만큼 고통이 밀려올 때가 있다.

　싫어하는 사람이 자신을 얕보지 않도록, 사랑하는 사람이 자신을 걱정하지 않도록, 잘 지내는 것처럼 보이기 위해 아주아주 많이 노력하고 있다고 해도 괜찮다. 스스로 슬럼프라고 느껴질 때 혹은 피곤하다고 느껴질 때는 '모두 다 지나갈 거야'라고 자신에게 말해주자. 이런 상태는 독감에 걸리듯 이유 없이 찾아와 때로는 심하게 때로는 가볍게 우리를 괴롭히는데 적당히 쉬어주기만 하면 얼마든지 나을 수 있다.

　기억하자. 우리는 모두 아이언맨도, 슈퍼맨도 아닌 평범한 사람이다. 자신의 성장을 꾀하고, 더 나은 삶을 추구하더라도 다른 사람의 속도를 따라가기 위해 자신을 채찍질하거나 한계까지 몰아붙이며 어떤 일을 할 필요는 없다.

　더 나아지려는 것은 일종의 결심이다. 그러나 자신이 할 수 없는 일도 있음을 알아야 하며, 설령 당장 해내지 못하더라도 좌절해 주저앉을 일은 없을 거라는 자신을 가져야 한다. 우리는 과정을 통해 배우고 성장할 테니까. 갈수록 성장하는 내가 된다는 건 비단 능력만이 아니라 강한 정신력을 갖추는 일로, 이에 대한 방법은 우리가 반드시 진지하게 고민해야 할 숙제다.

42 당신은
그럴만한

자격이
있다

자신의 부족함을 용감하게 인정하고, 남들의 칭찬도 대범하게 받아들일 줄 알아야 한다. 이는 타인에 대한 존중일 뿐만 아니라 자기 자신에 대한 긍정이기도 하다.

...

사람들은 자신이 부족하다고 생각한다. 이를테면 능력이 부족하고, 외모가 달리며, 집안이 좋지 않다고 생각하는 식이다. 마치 자신에게는 다른 사람이 아끼고 좋아해줄 만한 구석이 없는 것처럼 누군가가 자신을 칭찬하거나 중시하거나 호감을 표시하면 오히려 움츠러들며 이를 회피하고 받아들이려 하지 않는 것이다. 과거의 나도 이렇게 쉽게 열등감을 느끼는 사람이었다. 온전하지 못한 가족이나 못생긴 외모, 그다지 빠르지 않은 두뇌 반응 등 남보다 못하거나 부족한 부분이 많다고 생각했다. 그래서 늘 눈에 보이지 않는 해자를 만들어놓고, 안 좋은 결과가 나올까 봐 두려워하며 다른 사람의 칭찬을 있는 그대로 받아들이지도, 쉽게 마음을 열고 사람들과 교류하지도 못했다.

또 한편으로, 어떤 이들은 회피나 자신을 가두는 방식으로 열등감을 표출하지 않는다. 오히려 더 많은 것을 손에 쥐려 하고, 득실을 따지거나 다른 사람들 위에 군림하고자 죽을힘을 다하기도 한다. 이는 향상심을 촉진하는 힘이 되기도 하지만 다른 사람을 짓누르려는 경쟁의식은 상대에게 부담을 안겨줌과 동시에 서로의 관계를 껄끄럽게 만든다. 자신을 드러내는 일이라고 생각했던 행동이 결과적으로는 자신에게 상처를 주는 일이 되고 마는 것이다. 열등감이 너무 심한 나머지 남들에게 얕보이지 않으려고 자신을 증명하려는 순간, 이는 위압적인 오만이 되어버린다.

인간의 본성은 복잡하다. 그런 까닭에 유사한 심리적 반응에도 밖으로 드러나는 언행이 꼭 비슷하지만은 않다. 이는 자신의 단점을 보지 못하는 사람들이 있는가 하면, 늘 자신이 남보다 못하다고 생각하는 사람들이 있는 이유이기도 하다. 그래서 어떤 이들은 남들에게 자신의 특별한 점만을 보여주려고 자신이

가진 모든 장점을 열심히 드러내며 여러 면에서 남보다 낫기를 희망한다. 반면 어떤 이들은 주목받지 않기 위해 저자세를 취하고, 타인의 생각에 맞추려 노력하며 진짜 자신의 모습을 드러내길 꺼린다. 이 둘은 서로 달라 보이지만 실은 모두 자신을 위장하는 일이다. 진짜 자신의 모습이 못나고, 사랑받을 가치가 없다고 생각하거나 다른 사람에게 마음을 열었다가 상처를 받게 될까 봐 두려운 마음이 기저에 깔려 있기 때문이다.

내가 바로 열등감 때문에 스스로 해자를 만든 사람이다. 물론 책을 읽고, 심리학 관련 지식과 자미두수 이론을 공부하며 열심히 나의 내면을 탐색하여 조금씩 근본적인 문제를 깨달아가고 있다. 그러면서 사고의 각도를 달리하여 굳게 닫아두었던 마음의 문을 열어보는 시도도 하고 있다. 그러나 지금까지도 여전히 다른 사람의 칭찬과 호감 표시가 어색하다. 그럼에도 나는 이미 훌륭하다고, 타인이 내게 보여준 선의에 감사하다고, 그들의 칭찬을 받아들이자고 수시로 되뇐다.

사람이 무언가를 피하고, 다투고, 따지고 혹은 자신 없어 하는 이유는 대개 마음속 깊숙이 스스로 정해놓은 한계 때문으로 자신을 불안하게 만드는 원인을 찾아내면 그 속박에서 해방될 수 있다. 당신도 이런 고민을 하고 있다면 "나는 충분히 괜찮은 사람이야. 다른 사람과 비교하지 말자. 내가 끊임없이 발전하고 있다는 사실만 알고 있으면 돼”라고 늘 자신에게 말해주자.

자신이 잘할 수 있는 일과 할 수 없는 일 모두를 담담하게 마주하는 법을 배우자. 자신의 부족함을 용감하게 인정하고, 남들의 칭찬도 대범하게 받아들일 줄 알아야 한다. 이는 타인에 대한 존중일 뿐만 아니라 자기 자신에 대한 긍정이기도 하다. 과거에는 미숙한 부분이 많겠지만, 세월의 담금질을 거치면 점차 또 다른 모습을 만들어갈 수 있을 것이다.

인생의 곡절과 사람들을 겪으면서 누군가는 풍모를 갖추고, 누군가는 노련함을 갖게 되며, 또 누군가는 포부를 키우기도 한다. 모든 사람이 그 과정을 지나오며 무언가를 깨닫고, 무언가를 쌓아가는데, 이 모든 것이 자신을 더 나은 사람으로 만드는 에너지가 된다. 머릿속 깊이 뿌리박힌 ‘부족해, 어울리지 않아’라는 생각의 족쇄를 벗어던지자. 사실 내 곁에 있는 모든 건 내가 그것들을 가지고, 누릴 자격이 있기에 내게 온 거다. 그러니 함부로 자신을 깎아내리지 말자. 내가 좋은 사람이 되어야 나를 둘러싼 모든 것도 함께 좋아지는 법이다.

우리가 눈에 띄지 않더라도 누군가 우리를 필요로 할 때가 있으니 다른 사람과 자신을 비교할 필요도, 모든 사람의 마음에

들기 위해 노력할 필요도 없다. 조금씩이라도 나아지고 있다면 인정받을 자격이 충분하니 편안하게 자신을 마주하자. 우리는 우리 자신을 아껴줘야 한다. 다른 사람은 내게 잘해줄 의무가 없지만 우리는 우리 자신을 아껴야 할 의무가 있기 때문이다. 가끔 누군가가 나를 비꼬고 헐뜯고 비웃는다고 해도 그건 우리가 꼭 나빠서가 아니라 어쩌면 그 사람의 마음에 문제가 있는 것일지도 모른다. 게다가 우리가 어떤 인물인지는 다른 사람에게 인정을 받아야만 성립되는 것이 아니다. 나쁜 사람이나 일들을 자꾸 생각해봤자 자신의 기분과 삶만 더 나빠질 뿐이다. 심호흡하거나 잠시 현재 상황에서 벗어나 마음을 안정시키면 우리 곁에 있는 소소하지만 다양한 아름다움과 행운을 느낄 수 있을 것이다.

아무리 평범한 인생이라도 칭찬받을 만한 구석은 있다. 바꿀 수 없는 과거에 연연하고, 돌이킬 수 없는 아쉬움에 관심을 두기보다 앞으로 나아가기 위해 부단히 노력한 자신을 제대로 알아주고, 자신이 가진 모든 것을 소중하게 아껴주자. 모든 호흡에 신선한 산소가 공급되듯, 모든 순간에 새로운 내가 될 기회가 있다.

때로는 과거 자신이 마음속에 붙여놓은 꼬리표에 생각이 멈춰 서기도 할 것이다. 하지만 이를 극복하려 악착같이 애쓸 필요는 없다. 그저 현재의 상태를 받아들이고 마땅히 해야 할 일을 하면 된다. 꼬리표를 떼어내고자 하는 마음만 있다면 하늘에서 축복을 내려줄 테니까. 나는 스스로 붙인 꼬리표는 당연히 스스로 떼어낼 수 있다고 믿는다. 우리에겐 남는 시간과 에너지가 없다. 그러니 과거와 나를 모르는 사람들 때문에 고민하지 말고 가능한 한 일상 속의 보석 같은 순간과 자신을 즐겁게 만드는 사람과 일들에 시간과 에너지를 쏟자!

분명 앞으로 나아가기 위해 최선을 다했다고 생각했는데 막상 고개를 들어보니 제자리걸음 중인 자신을 발견하더라도 낙담하지 말자. 그간의 노력은 절대 헛수고가 아니라 우리 일상의 틈새에 스며 훗날 어느 결정적인 순간에 그 저력을 드러내며 우리 삶의 일부가 될 테니까.

인생이란 길을 돌아보면 힘들 때도, 방황할 때도 있게 마련이다. 하지만 그래도 누군가는 그 길을 조심조심 걸어가 갈수록 더 나은 사람으로 거듭나기도 한다. 그러니 부디 우리 모두 감사함을 기억하고, 믿음을 선택하며, 용기를 낼 줄 아는 사람이 될 수 있었으면 한다. 많은 일을 겪으며 스스로 성장한 우리에겐 그런 미래를 가질 만한 자격이 충분하니까.

43

독특해도,
수수해도

다
괜찮다

남들 눈에 반짝이는 그 별똥별을 쫓느니 자신의 곁에 있는 따뜻한
등불을 돌보자. 굳이 다른 모습의 내가 될 필요는 없다. 자신의 본
모습을 잘 받아들이면 된다.

• • •

사회환경에 변화가 생기면 우리의 일부 가치관도 그와 함께
변화하게 된다. 내가 어릴 때만 해도 안정과 규율 준수, 평등 추
구가 중요한 가치라고 배웠는데, 요즘은 이보다 혁신과 개성,
틀을 깨는 사고 등을 중시하는 추세다. 예컨대 과거에 사람들은
안정적인 직업을 갖는 것이 최고의 선택이라며 공공기관이나
더기업에 들어가 정년까지 일하다 은퇴하는 삶을 꿈꿨다. 그러
나 환경이 변함에 따라 요즘 사람들의 업무 형태는 훨씬 다양

화되었다. 개인 근로자가 갈수록 늘어나고 있고, 정부의 장려와 보조로 여러 새로운 산업이 속속 등장하고 있기도 하다.

기존에 부르짖었던 소박하고 안정적인 삶이 사회의 주류 가치에서 밀려나고 사람들의 이목을 사로잡은 것은 다름 아닌 독자노선을 구축하고, 자신을 홍보할 줄 알며, 나아가 군중심리에 영합하여 호감을 얻는 사람들이다. 그들은 자신을 좋아해주는 사람들에게 둘러싸여 많은 팔로워를 거느리고 상대적으로 많은 자원을 얻고 있는데, 그런 까닭에서인지 도태되지 않으려고 시대의 추세에 따라 변화를 시도하는 사람들도 갈수록 늘어나고 있다.

그중 어떤 이는 자신의 특별한 점을 찾기 위해 필사적으로 노력하다 결국 아무것도 찾지 못한 채 어딘가 애매한 자신의 위치만 깨닫기도 한다. 남다르게 뛰어난 외모도, 특출난 재능도 없다는 사실에 자신의 평범함을 탓하며 갈수록 우울한 감정에 빠져들어 자신에 대한 믿음도 조금씩 잃어가게 되는 것이다.

그런데 사실 우리는 사회의 주류 가치에 자신을 옭아맬 필요가 없다. 안정과 규율 준수를 중시하는 환경에서도 얼마든지 용감하게 틀을 부수고, 창의력을 발휘해도 되고, 자신을 드러내고, 독창성을 강조하는 사회적 분위기 속에서도 튀지 않고 소박

한 안정을 추구해도 괜찮다.

자신에게 어떤 게 맞고, 또 어떤 삶을 원하는지를 아는 게 무엇보다 중요하다.

비범한 댄스 스텝으로는 감탄의 눈빛을 받을 수 있고, 평범한 스텝으로는 멋진 여정을 시작할 수 있다.

자신에게 부족한 것에만 집중하고, 자신만의 독특함을 발굴해내려는 생각에 매몰된 채 빛나는 별이 되길 꿈꾸고 있는가? 그렇다면 오직 시대의 추세를 따르려는 생각뿐인 당신도 자기 자신을 테두리 안에 가두고 있는 것은 아닌지 생각해봐야 한다. 꼭 특별하고 특출해야만 좋은 건 아니다. 남들에게 주목받을 만한 부분을 찾느라 정신이 팔려 자신이 원래 가지고 있는 가치를 간과한다면 이는 본말을 전도하는 것이다. 설령 평범하고 아무런 특색이 없다 하더라도 존재의 의미와 가치는 분명히 있다.

남들 눈에 반짝이는 그 별똥별을 쫓느니 자신의 곁에 있는 따뜻한 등불을 돌보자. 굳이 다른 모습의 내가 될 필요는 없다. 자신의 본모습을 잘 받아들이면 된다. 우리는 원래 모든 면에서 빈틈없이 뛰어날 수도, 또 모든 일을 완벽하게 해낼 수도 없다. 하늘을 자유롭게 유영하는 독수리도 바다를 유영하지는 못한다. 그러니 자신이 할 수 없는 것과 잘하지 못하는 것을 결점이라 여기지 말고, 다른 사람의 강점을 반드시 따라잡아야 할 목표로 삼지도 말자. 비교는 남들의 기준으로 자신을 벌주는 일에 지나지 않는다.

사람의 행복과 만족은 더 많은 걸 가졌을 때가 아니라 따지는 게 적을 때 찾아온다는 말이 있다.

사람들에게는 저마다 할 수 있는 일과 해야 할 일이 있는 법이다. 하지만 세상이란 참 불공평해서 어떤 이들은 우월한 조건을 가지고 태어나 별다른 노력 없이도 세간의 주목을 받는다. 물론 이에 우리가 변화와 쟁취를 시도할 수 있다. 그렇지 않으면 받아들여야 한다. 자신의 불완전함을 받아들이고, 자신이 할 수 있는 일들을 잘해내며 자신이 가진 재능을 발휘하는 것이다. 계속 잘난 누군가와 자신을 비교하며 시기하고 질투한다면 이는 자기를 괴롭혀 고통을 더하는 일일 뿐이다.

무언가를 잃거나 가지지 못하는 건 당연히 슬픈 일이다. 그러나 이보다 더 사람을 괴롭게 만드는 건 무언가를 가지고도 전혀 즐겁지 않은 상태다.

물론 남다른 재능과 쉽게 사람들의 눈길을 사로잡는 기질을 가져 부와 명성을 얻는 사람도 있다는 건 부정할 수 없는 사실이다. 하지만 그렇다고 그들이 반드시 남보다 행복한 삶을 산다는 보장은 없다. 예를 들어 많은 인기를 누리는 스타와 인플루

언서는 온갖 유언비어와 인터넷상의 악의적인 공격을 감수해야만 한다. 무언가 얻는 것이 있으면 잃는 게 있다고, 그것이 인기를 얻은 대신 그들이 반드시 치러야 할 대가이기 때문이다.

안정을 바라든 독특함을 추구하든 옳고 그른 선택이란 없다. 다만 선택 전에 자신이 진심으로 그것을 원하는지, 아니면 다른 사람에게 인정받고자 하는 갈망 때문인지를 자문해봐야 한다. 인정받길 원해서 내린 선택이라면 '인정받고자 하는 갈망'이 끊임없이 엉킨 저주처럼 자신의 인생을 옭아맬 수도 있다는 사실을 명심해야 한다. 왜냐하면 자신의 행복과 성공에도 부모님의 인정, 선생님의 인정, 친구들의 인정, 상사와 동료들의 인정 등 타인의 인정이 늘 필요하게 될 테니까. 그들에게서 애정과 자신감과 목표를 얻고 싶은 나머지 자신의 인생이 분명한데도 타인을 위한 삶을 사는 것처럼 되어버릴지도 모를 일이다. 문제는 이렇게 자신의 인생이 다른 사람을 중심으로 돌아가게 되면 한도 끝도 없어진다는 사실이다. 자신을 향한 타인의 기대와 요구는 항상 존재하기에 이를 만족시키기란 영원히 불가능한 일일 테니까.

당연히 칭찬이나 인정을 받는 일은 우리가 자신감과 자존감을 키우는 데 없어서는 안 될 경험이다. 누군가에게 사랑받고 필요한 존재, 대단한 존재가 되는 기분을 느낌과 동시에 진취성과 자기 가치를 끌어내는 에너지가 되기도 한다. 그러나 타인의 칭찬이나 인정을 전진의 동력으로 삼는 데 익숙해지면 일시적인 성장의 기쁨을 느낄 수 있을지는 몰라도 진정한 행복과 만족감을 얻을 수는 없을 것이다. 성취한 목표가 그저 타인의 시선을 위한 것일 뿐, 자신의 진짜 바람이 아닐 수도 있기 때문이다.

안정을 바라든 독특함을 추구하든 상관없다. 비범하든 평범하든 다 괜찮다. 가장 중요한 건 남들이 좋아할 만한 모습으로 자신을 다듬지 않는 것이다. 아무리 여유로워 보인다고 해도 그건 아무런 의미가 없다. 우리는 늘 그 모습에 갇혀 끊임없이 갈등하고 발버둥을 칠 테니까.

가능하면 마음을 잘 빗질해 자신이 진정으로 원하는 모습을 찾아보자. 우리가 가장 먼저 인정을 얻어야 할 대상은 자기 자신이니 말이다.

자신이 뛰어난 재능을 가지고 있고, 많은 별이 달을 에워싸듯 많은 사람에게 지지를 받으며, 자기 가치에 만족감을 얻는다면 그것은 당신이 타고난 특별한 재능이다. 날개가 있다면 높이, 멀리 날아야 한다. 그 과정에서 혼란과 소란을 맞닥뜨릴 수도 있고, 폭풍우를 만날 가능성도 더 커지겠지만 어쩌면 이는 평범하지 않은 사람이라면 반드시 겪어야 할 시련일지 모른다. 이러

한 통과의례를 거쳐야만 정상에 올라 아름답고 장엄한 풍경을 조망할 수 있다. 당신을 둘러싼 냉소와 유언비어는 당신이 하늘 높이 날아갈 때 생기는 희미한 잡음일 뿐임을 명심하자.

한편 자신이 평범하고 안정적인 삶을 즐기고, 성실한 삶 속에서 본인이 원하는 만족감을 얻을 수 있다면, 정상에 오르기 위해 무리할 필요는 없다. 자신을 정확히 알고, 자신의 욕구와 능력을 이해하는 건 절대 평범하지 않은 보기 드문 재능이다.

자신이 가진 능력의 한계를 알고, 뭘 하든 강제하지 말고, 비교하지 말며, 비하하지 말자. 우리에겐 그 누구의 인정도 필요하지 않으며, 우리의 선택을 누군가에게 설명할 필요도 없다. 그저 있는 그대로의 자신을 사랑하는 것. 이것이 즐겁고 건강한 정신을 가지기 위한 가장 기본적이고 가장 중요한 자세다.

비범한 일을 성취하지 못하더라도 소박한 행복을 움켜쥘 수 있고, 날개를 펴고 하늘 높이 날지 못해도 나풀나풀 춤추는 기쁨을 누릴 수 있다.

44

삶을
잘 살아내는 게

곧 하나의
의미다

속도를 늦추고 싶을 때는 천천히 산책에 나서고, 사람들과 떨어져 있고 싶을 때는 혼자 시간을 보내며, 삶의 여백이 필요할 때는 굳이 뭔가를 채우려 하지 않아도 된다. 지금의 나를 진심으로 좋아할 수 있다면 어떤 나날도 헛되지 않다.

. . .

지금까지의 내 인생을 돌아보면 대체로 울퉁불퉁 험난한 삶이 아니었나 싶다. 하늘은 늘 내게 온갖 시련을 안겨주었고, 나를 이끌어주는 어른도 없이 우왕좌왕하며 그렇게 살아왔다. 초반 뽑기 운이 좋지 않아 보통 사람들보다 고생스러운 환경에 내던져진 데다 자라면서도 온갖 나쁜 일이 닥쳐와 정말 온 마음을 다해 상황을 개선하기 위해 노력하지 않으면 안 됐다. 물

론 그 과정에서 선택의 기회가 주어졌겠지만 이를 자세히 살피지 않아 제대로 된 선택을 한 적도 거의 없었다.

아마 많은 사람이 지금의 나라면 그래도 순탄하고 안정적인 삶을 살겠거니 생각할 테지만 실은 꼭 그렇지만도 않다. 나는 지금도 여전히 삶의 굴곡들을 처리하느라 많은 힘을 쏟고 있고, 다음 단계는 어떻게 나아가야 할지를 늘 고민한다. 까놓고 말해서 타인이 알지 못할 뿐이지, 사람은 누구나 자신만의 문제와 넘어야 할 관문이 있지 않은가? 내 삶이 정말 나아졌느냐를 묻는다면 더 나은 삶을 위해 열심히 했던 노력이 조금씩 쌓여 이제야 겨우 비바람에 대응할 수 있는 약간의 기반과 일상의 기복을 차분하게 바라볼 마음이 생긴 정도라고 할 수 있을 것 같다.

자신이 신의 사랑을 받지 못해 운이 나쁘다고 생각하는 사람이 많다. 그러다 보니 끊임없이 하늘을 원망하고 남을 탓하며, 아예 될 대로 되라는 마음으로 자기 인생을 포기해버리는 사람들도 없지 않다. 확실히 인생 초반의 뽑기 결과가 좋지 않으면 인생이 고달파지는 경우가 많긴 하다. 하지만 이후의 삶을 어떻게 살아갈지는 여전히 스스로 선택할 부분이다. 나는 사람이 운이 나쁘든 능력이 부족해서든 성격이 좋지 않아서든 어쨌든 뭔가 모자란 부분이 있기 때문이라고 생각한다. 앞으로의 운명을 바꾸려면 스스로 달라질 결심부터 해야 할지도 모르겠다. 달라지기 위해 최선을 다한 후에야 운명도 탓할 수 있는 게 아닐까? 그러니 갈수록 성장하는 내가 될 수 있도록 자기 자신부터 챙기자. 그러면 운도 날이 갈수록 좋아져 살면서 행여 나쁜 패를 뽑는다고 해도 좋은 기술로 결과를 뒤집을 수 있을 것이다.

'삶을 잘 살아내는 게 곧 하나의 의미다.'

나는 이제 이런 태도로 나의 삶을 바라보는 법을 배웠다. 세상에 좌충우돌하지 않은 인생이 어디 있겠는가? 삶이 순조로울 때든 우여곡절이 있을 때든, 다른 사람에게 사랑을 받든 미움을 받든, 태양은 여전히 뜨고 지고, 달도 차고 기욺이 있는 법이다. 가장 중요한 건 우리가 어떻게 삶을 마주하고, 어떻게 자신을 대하느냐다.

우리는 자신의 작은 결점을 보며 실망하고, 열등감을 느끼는 데 많은 시간을 보내지만, 사실 우리는 우리가 생각하는 것만큼 그렇게 형편없지 않다. 분명 우리에게도 적잖은 장점이 있으며 아직 발견하지 못한 사랑스러움이 존재한다. 그런데 왜 이를 계속 찾아내지 않고, 자신을 있는 그대로 받아들이지 않는단 말인가? 우리는 이미 훌륭하다. 천천히 앞으로 나아가되, 남들과 비교하지 않고, 머릿속이 복잡할 땐 한잠 푹 자 에너지를 채우는 것. 이것이야말로 가장 중요한 삶의 목표다.

살면서 꼭 대단한 업적을 쌓을 필요도, 완전무결한 사람이 될 필요도 없다. 우리가 가진 빈틈은 누군가가 채워줄 것이며, 번거로운 일들은 손 가는 대로 처리하면 그만이다. 비굴하지도, 거만하지도 않은 여유 그리고 당황하지도, 서두르지도 않는 강인함을 갖자.

넘어지고 부딪히며 불안정한 나날을 보내다 보면 남들이 가진 것과 자신에게 부족한 것이 유독 눈에 들어올 수 있다. 그런 까닭에 자신에게는 너무나 먼 목표를 죽어라 좇으며 자신을 궁지로 내모는 우를 범하고, 나아가 마땅히 있어야 할 원래의 모습을 조금씩 잃어가기도 한다. 하지만 이런 상태로는 자신을 설득할 수도 없거니와 나는 잘 지내고 있다고 남들에게 자랑스럽게 말할 수도 없다. 아직 메우지 못한 빈틈이 너무 많고, 또 스스로 그르친 선택들이 너무나 많을 것이기 때문이다.

우리는 어느새 정해진 틀에 자신을 끼워 맞추고, 그 틀을 채워가는 데 익숙해진 것 같다. 그것이 마치 사람들에게 인정받고, 행복해질 수 있는 유일한 길인 것처럼 말이다. 그런데 안 그래도 굴곡진 길을 걷다 보면 피할 수 없는 고난과 슬픔을 감내해야 하는 법인데, 전혀 나답지 않은 틀에 자신을 끼워 맞추며 굳이 자기 자신을 괴롭힐 필요가 뭐 있을까? 속도를 늦추고 싶을 때는 천천히 산책에 나서고, 사람들과 떨어져 있고 싶을 때는 혼자 시간을 보내며, 삶의 여백이 필요할 때는 굳이 뭔가를 채우려 하지 않아도 된다. 지금의 나를 진심으로 좋아할 수 있다면 어떤 나날도 헛되지 않다.

'가장 소중한 건 생명이요, 가장 중요한 건 가족이며, 가장 좋은 것은 배움이고, 가장 즐거운 것은 우정이다.'

이는 친구가 내게 공유해준 글이다. 그렇다. 이것들만 가질 수 있다면 행복한 삶을 살 수 있을 것이다. 우리는 기계가 아니라 풍부한 생각을 지닌 사람이다. 그렇기에 때로는 욕구를 충족하지 못한 기분이 들 수밖에 없을 것이다. 그러나 우리에게 필요한 건 의미 있는 가치관이지, 돈과 권력이 있으면 얻을 수 있는 그런 가치관이 아니다. 삶을 잘 살아내는 것에는 이미 특별한 의미가 있다. 자기가 좋아하는 일을 하고, 안정감을 찾고, 다른 사람을 돕고, 사람들에게 존중받는 느낌을 받는 것. 우리에게 진정으로 필요한 것들이란 바로 이런 것들이다.

평온하고 여유로운 나날을 보낼 때 살아 있다는 게 무슨 의미인지를 더 잘 이해할 수 있다. 사는 게 아무리 바쁘고 고민이 많다 하더라도 잊지 않고 자신에게 그리고 자신을 사랑하는 사람들에게 시간과 공간을 남겨주는 것, 이게 바로 여유다. 여유가

있어야 일상 속의 소소하지만 확실한 행복을 느낄 수 있고, 내 주변의 평범한 사람 그리고 사건과 사물들에 감사할 수 있으며, 삶의 틈바구니에서 간과하기 쉬운 기쁨을 찾아낼 수 있다.

인생을 좀 더 즐겁게 살고 싶다면 할 수 있는 일과 좋아하는 일을 가까이해보자. 부디 지금 하는 일에 즐거움을 느낄 수 있길 바란다.

마음의 속도를 늦추면 보이는 것들

초판 1쇄 인쇄 2026년 03월 25일
초판 1쇄 발행 2026년 04월 01일

지은이 | 아페이
옮긴이 | 원녕경
펴낸이 | 최윤하
펴낸곳 | 정민미디어
주 소 | (151-834) 서울시 관악구 행운동 1666-45, 3층
전 화 | 02-888-0991
팩 스 | 02-871-0995
이메일 | pceo@daum.net
홈페이지 | www.hyuneum.com
편 집 | 미토스
표지디자인 | 강희연
본문디자인 | 디자인 [연;우]

ⓒ 정민미디어

ISBN 979-11-24022-12-2(03320)